À quoi sert
l'École Catholique ?

Du même auteur

Accueillir ceux qui frappent à la porte de l'Église : la grâce de la reconnaissance, Le Sénevé/ISPC, 2009.

La participation des laïcs à la charge pastorale, Desclée de Brouwer, 2010.

La catéchèse et le contenu de la foi (dir. avec Joël Molinario), Desclée de Brouwer, 2011.

La responsabilité catéchétique de l'Église, CITP, 2012.

François Moog

À quoi sert l'École Catholique ?

© Bayard, 2012.
18, rue Barbès, 92128 Montrouge Cedex
ISBN : 978-2-227-48502-0

« L'École Catholique est une école
qui éduque la personne tout entière,
aide ses élèves à devenir des saints,
encourage les non-catholiques
à grandir dans la connaissance
et l'amitié avec Dieu. »

Benoît XVI
aux élèves des écoles catholiques de Londres,
17 septembre 2010

PRÉFACE

L'ouvrage qui nous est ici présenté par François Moog, bon connaisseur du dispositif des établissements catholiques d'enseignement, vient à point nommé, au moment où se prépare, à la demande des évêques de France, la rédaction d'un nouveau statut de l'Enseignement Catholique.

En tenant compte de l'expérience acquise depuis l'entrée en vigueur du statut de 1992 (statut actuel) et de la mise en œuvre de l'organisation territoriale et des dispositions concernant la formation des maîtres du premier et du second degré, ce nouveau statut s'inscrira dans le cadre des dispositions de la loi Debré et des mesures législatives en vigueur sur notre pays.

La Constitution française et la loi de 1959 reconnaissent la liberté des parents à éduquer leurs enfants en les inscrivant dans l'école de leur choix. Cette reconnaissance nous semble aller de soi : comment éduquer à une vraie liberté si on n'a pas la liberté d'éduquer ? Mais ce qui va sans dire va mieux en étant dit.

Le statut juridique des établissements catholiques est dans sa quasi-totalité l'association par contrat au service public d'éducation. Association et non assimilation.

La loi de 1959 reconnaît aux établissements catholiques un « caractère propre » qu'il se garde bien de définir, car telle n'est pas sa compétence. Mais il attend de nous que nous nous déclarions, c'est-à-dire que nous disions et montrions en quoi consiste l'originalité propre à l'Enseignement Catholique.

Il s'agit d'un engagement éducatif au service des jeunes, vécu comme mission reçue de l'Église du Christ. La lettre de mission reçue par le chef d'établissement – directement ou non de l'évêque, mais sous son autorité – en témoigne. Il s'agit d'un engagement éducatif au service de tous, catholiques ou non, et ceci au nom même de l'Évangile. Dans de tels établissements, l'éveil de l'attention, l'ouverture aux connaissances, la transmission d'une instruction y sont offerts, en même temps qu'y est reconnue la dimension intérieure et spirituelle du jeune, et donc son ouverture à la relation avec Dieu et avec l'ensemble de la société, de même que la proposition de la foi catholique faite à tous. Les professeurs, le chef d'établissement, l'ensemble du personnel, les parents et les jeunes forment une communauté éducative.

Fort opportunément, François Moog alerte sur les risques de disjonction pouvant exister dans l'exercice même de la charge de chef d'établissement. Disjonction surtout dans l'exercice de sa profession entre ce qui relève des nécessaires dimensions administratives, juridiques, comptables et ce qui relève de l'animation de l'ensemble des personnes, à l'intérieur d'une mission qui donne son sens à l'ensemble.

Pour s'en garder, il ne suffit évidemment pas d'énoncer les principes ni de montrer les écueils. Il faut d'abord, et cela transparaît ici, convenir et prendre la mesure de ce que les conditions d'exercice de l'enseignement dans les établissements de l'Enseignement Catholique sont celles-là mêmes de l'évangélisation. Elles n'isolent pas du monde, mais elles y plongent, non pour s'y perdre, mais pour que germe la semence !

Éric AUMONIER, évêque de Versailles

INTRODUCTION

Dans notre société sécularisée, alors que la sociologue Danièle Hervieu-Léger n'hésite pas à parler d'exculturation du catholicisme dans la société actuelle[1], l'existence de l'École[2] Catholique peut être considérée comme une énigme. Car dans le cadre si hexagonal de la laïcité « à la française », comment penser la pertinence d'une institution catholique reconnue par la loi comme partenaire de l'État dans sa mission éducative ?

LES PARADOXES DE L'ÉCOLE CATHOLIQUE

Cette situation favorise de beaux paradoxes, au cœur desquels se joue la confrontation entre deux réalités. D'un côté la nature de la laïcité continue d'être en France une question épineuse et passionnée, prête à ressurgir à

---

1. Voir D. Hervieu-Léger, *Catholicisme, la fin d'un monde*, Paris, Bayard, 2003, p. 306.
2. Le terme « école » est utilisé ici dans son sens le plus général, et pas dans un sens technique : il s'agit de l'ensemble du dispositif scolaire, collège et lycée compris.

tout instant dans sa complexité, au détour d'une exposition, d'une pièce de théâtre ou d'une campagne électorale. D'un autre côté, un élève sur deux a, durant sa scolarité, effectué un passage dans un établissement catholique d'enseignement. Certains pour quelques jours, d'autre durant plus de vingt ans, de la maternelle à une classe prépa ou à un BTS, mais un sur deux cependant. Il semble alors clair que, dans ce contexte délicat de la laïcité telle qu'elle est pensée et vécue dans notre pays, l'École Catholique soit cependant vraiment reconnue par le peuple français comme un recours évident et bienvenu dans le domaine éducatif.

Cette reconnaissance massive de l'École Catholique masque mal la grande diversité de ce que les familles attendent de l'Église quand elles lui confient des enfants. Beaucoup attendent qu'elle développe une forme de catholicité laïque, si cela était possible, en tout cas que la dimension religieuse se fasse discrète et la moins intrusive possible. D'autres, à l'opposé, inscrivent leurs enfants dans un établissement catholique au nom de leur foi chrétienne, avec une attente religieuse forte.

Face à la diversité de ces attentes, les acteurs de l'École Catholique réagissent très diversement. Et il n'est pas simple de trouver la voie la plus juste. Le risque alors est d'entrer dans une série de querelles sans fin, les uns accusant les autres de ne pas être assez explicites dans leur annonce de l'Évangile ou au contraire d'être trop prosélytes. Certains trouvant l'école trop catholique, d'autre trop laïque ; trop tiède ou trop intrusive ; trop attestatrice ou trop laxiste ; trop intransigeante ou trop effacée… Ces différends affectent l'image que l'École Catholique donne d'elle-même et en brouille sans nul doute la spécificité.

C'est pourquoi il est heureux que, depuis plusieurs années, l'École Catholique fasse, en France, l'objet d'un intérêt renouvelé. Pour une part, cela est dû à l'Enseignement Catholique[3] lui-même qui s'est donné à voir sous un jour nouveau dans le cadre de la reprise des Assises de l'Enseignement Catholique en 2000. Il s'agissait alors de « renforcer le sentiment d'appartenance à l'Enseignement Catholique », de susciter l'innovation et la recherche pour « faire, ou refaire, de l'Enseignement Catholique une force de proposition » et de retrouver « l'inspiration et la sève des fondateurs[4] ». Ce travail de refondation ne pouvait que susciter l'intérêt et focaliser l'attention.

Par ailleurs, au cours des dix dernières années, une série de commémorations a dirigé les projecteurs de la société vers l'Enseignement Catholique ; notamment la commémoration du centième anniversaire de la loi de séparation des Églises et de l'État (9 décembre 1905) et celle du cinquantième anniversaire de la loi Debré sur les rapports entre l'État et les établissements scolaires privés

---

3. Dans les lignes qui suivent, on utilisera indifféremment le vocabulaire « École Catholique » (terme générique utilisé dans les documents du magistère romain ou dans les documents non français) et « Enseignement Catholique » (expression typiquement française – l'usage est de l'écrire avec des majuscules).
4. A. Blandin, « Une double fidélité à la mission reçue de l'Église et au contrat avec l'État », in Mgr Claude Dagens (dir.), *Pour l'éducation et pour l'école, des catholiques s'engagent*, Paris, Odile Jacob, 2007, p. 206.

(31 décembre 1959). Cela a été l'occasion de redire les conditions actuelles de la mission de l'École Catholique dans une société laïque.

Enfin, dans cette société sécularisée, l'Enseignement Catholique apparaît de plus en plus comme un lieu de contact et d'échange privilégiés entre l'Église et la société, ce qui fait de lui un lieu incontournable pour les questions qui touchent au dialogue entre la foi et la culture ou à la proposition de la foi dans la société actuelle.

ÉCOLE CATHOLIQUE ET MISSION D'ÉVANGÉLISATION

Dans ce contexte, les uns et les autres expriment des opinions, parfois différentes, sur ce qu'est l'École Catholique. On peut retenir la question de la mission d'évangélisation dans l'Enseignement Catholique comme centrale dans les débats en cours.

Les uns semblent insister sur l'évangélisation comme moyen de refonder l'École Catholique en permettant « aux jeunes qui [y] sont présents de pouvoir découvrir et rencontrer Celui qui seul pourra donner sens à leur vie » et, ainsi, d'« ouvrir une brèche dans la paganisation du monde ambiant[5] ». Pour cela, il convient de promouvoir une « authentique expérience de première évangélisation[6] », qui inaugure une « formation chrétienne intégrale[7] » de l'ensemble des acteurs de l'école et donc une

---

5. Mgr Jean-Pierre Cattenoz, *Une charte pour l'Enseignement Catholique du diocèse d'Avignon – Un chantier à réaliser*, Paris, Parole et Silence, 2007, p. 11.
6. *Ibid.*, p. 91.
7. *Ibid.*, p. 95.

invitation adressée à tous de « participer aux temps de première évangélisation et qu'ils participent également à la vie spirituelle et au projet éducatif des établissements, à l'exception de la vie sacramentelle[8] ». Ici, l'évangélisation est avant tout considérée comme une annonce qui a pour objectif que tous entendent parler de Jésus Christ et de son Évangile.

D'autres situent la mission de l'École Catholique comme moyen pour l'Église d'apporter sa contribution aux défis éducatifs majeurs qui sont ceux de la société actuelle. L'école, comme « lieu ecclésial d'évangélisation[9] » qui a pour mission d'enseigner, d'éduquer et d'évangéliser[10], doit alors développer un programme pastoral d'envergure afin de fournir aux jeunes les repères éthiques indispensables qui leur permettront de se construire dans ce monde et au sein d'une culture en crise : enseignement du fait religieux, cours de culture religieuse et de culture chrétienne, première annonce, catéchèse et éducation permanente de la foi ainsi que découverte de l'éthique chrétienne et de la diaconie évangélique[11] sont autant de moyens qui permettent à l'École Catholique de constituer une « structure de manifestation de l'espérance[12] » dans un monde structurellement désespérant.

---

8. *Ibid.*, p. 97.
9. Mgr Dominique Rey, *Urgence éducative – L'École Catholique en débat*, Paris, Salvator, 2010, p. 11.
10. *Ibid.*, p. 13.
11. *Ibid.*, p. 151-166.
12. *Ibid.*, p. 59.

D'autres encore portent leur attention sur l'Évangile et sur la foi chrétienne comme force de proposition : « L'Église est attendue parce que l'on sait, plus ou moins consciemment, qu'elle porte en elle des ressources spécifiques, spécialement dans ce domaine qui concerne l'éveil des libertés, la formation des consciences, la pratique d'une fraternité réelle[13]. » L'École Catholique est donc la mise à disposition de ces ressources au plus grand nombre au nom d'une responsabilité sociale qui appartient à la foi chrétienne elle-même, considérée comme « source inépuisable de compréhension du monde et de confiance dans la vie[14] ». Ce qu'il faut alors promouvoir, c'est « une nouvelle inscription du christianisme dans la société[15] ». Ici, l'évangélisation est avant tout un service rendu au plus grand nombre, afin que tous se laissent servir par le Christ. Ce qui est évangélisé, c'est la structure sociale elle-même au nom de l'Évangile qui engendre l'humanité à elle-même.

Il serait particulièrement stérile de chercher à opposer ces approches, ne serait-ce parce qu'elles sont formulées dans des propositions de nature trop différente. Il n'est en effet pas possible de comparer la proposition d'un évêque pour l'École Catholique de son diocèse et la réflexion soit d'un évêque, soit d'un groupe de travail sur

---

13. Mgr Claude Dagens, « Pourquoi des catholiques s'engagent », *in* Mgr Claude Dagens (dir.), *Pour l'éducation et pour l'école...*, *op. cit.*, p. 13.
14. Mgr Claude Dagens, « Héritiers, citoyens et témoins de Dieu : catholiques en France au début du XXIe siècle », in *ibid.*, p. 77.
15. G. Coq, « Conclusion : des initiatives à promouvoir », in *ibid.*, p. 281.

l'engagement éducatif de l'Église dans l'école, tant public que catholique pour ce dernier. Le propos, la méthode, les visées, le genre littéraire, l'objet même de la réflexion les distinguent. Ainsi, leur différence de nature requiert de les considérer comme des propositions distinctes mais qui ne constituent pas des modèles qui s'affrontent.

Il ne s'agit pas ici d'irénisme mais d'une saine honnêteté intellectuelle et, surtout, d'une juste considération de ce qu'est la mission d'évangélisation que l'Église reçoit du Christ : « Allez par le monde entier, proclamez l'Évangile à toutes les créatures » (Mc 16,15). Cette annonce consiste à faire connaître le message de l'Évangile, mais pas uniquement. En effet, l'Évangile n'est pas seulement un message mais il est aussi une pratique. La fidélité à l'Évangile implique en effet un certain nombre de pratiques : en faveur de la justice, du pardon, de la conversion, de la considération due aux plus pauvres, aux plus faibles et aux exclus… On peut alors parler, au sens propre, d'évangélisation de tous les aspects de l'existence humaine, et tout particulièrement des relations entre les hommes. Comme le dit Benoît XVI : « l'Évangile n'est pas uniquement une communication d'éléments que l'on peut connaître, mais une communication qui produit des faits et qui change la vie[16] ». C'est ainsi que l'annonce de l'Évangile accompagne la venue du royaume de Dieu dans l'histoire. Il s'agit d'une œuvre de réconciliation

---

16. Encyclique *Spes Salvi* n° 2. C'est le cœur de la doctrine sociale de l'Église selon *Caritas in veritate*, notamment tel qu'il est exprimé au n° 12.

fondée sur l'événement de Pentecôte : « L'Église parle toutes les langues, comprend et embrasse dans sa charité toutes les langues et triomphe ainsi de la dispersion de Babel » (*Ad Gentes* [*AG*] 4).

Il n'y a donc pas à choisir entre l'évangélisation comme annonce et l'évangélisation comme service de l'humanité. En revanche, il y a sans doute à entendre l'urgence d'envisager à nouveaux frais les pratiques concrètes d'évangélisation dans l'École Catholique.

ÉVANGÉLISATION ET SERVICE DU ROYAUME DE DIEU

Cette urgence naît de la mission ecclésiale elle-même. L'Église n'agit toujours que « pour la gloire de Dieu et le salut du monde » – comme le dit la liturgie – c'est-à-dire au service du Royaume qui vient. Puisque l'École Catholique est une structure ecclésiale, alors elle ne peut qu'entendre un appel à l'engagement missionnaire dans ces affirmations de la Constitution pastorale sur l'Église dans le monde de ce temps, *Gaudium et spes* (*GS*) :

> Ainsi le monde moderne apparaît à la fois comme puissant et faible, capable du meilleur et du pire, et le chemin s'ouvre devant lui de la liberté ou de la servitude, du progrès ou de la régression, de la fraternité ou de la haine. D'autre part, l'homme prend conscience que de lui dépend la bonne orientation des forces qu'il a mises en mouvement et qui peuvent l'écraser ou le servir. C'est pourquoi il s'interroge lui-même (*GS* 9).

Ce passage nous situe au cœur de la conscience que l'Église a d'elle-même et de sa mission. L'Église s'y pré-

sente au service des hommes de ce temps parce que, dit
Gaudium et spes dans son introduction, « Les joies et les
espoirs, les tristesses et les angoisses des hommes de ce
temps, des pauvres surtout et de tous ceux qui souffrent,
sont aussi les joies et les espoirs, les tristesses et les
angoisses des disciples du Christ, et il n'est rien de vraiment humain qui ne trouve écho dans leur cœur » (*GS* 1).
D'un point de vue fondamental en ecclésiologie, le service
des hommes de ce temps n'est pas une option mais
appartient au cœur de la foi en tant que l'Église a pour
mission d'être signe et moyen de la communion avec
Dieu et de l'unité du genre humaine (voir *Lumen gentium*
[*LG*] 1 et 2).

Ici, en *GS* 9, la vie des hommes de ce temps est présentée
à partir de la question centrale de son orientation. Dans
un registre qui rappelle le chapitre 30 du livre du Deuté-
ronome[17], l'homme y est sommé de choisir entre liberté
et servitude, entre progrès ou régression, entre fraternité
et haine. C'est dans ce discernement, dans ce choix d'une

---

17. « Vois : je mets aujourd'hui devant toi la vie et le bonheur, la mort et le malheur, moi qui te
commande aujourd'hui d'aimer le Seigneur ton Dieu, de suivre ses chemins, de garder ses
commandements, ses lois et ses coutumes. Alors tu vivras, tu deviendras nombreux, et le
Seigneur ton Dieu te bénira dans le pays où tu entres pour en prendre possession. Mais si ton
cœur se détourne, si tu n'écoutes pas, si tu te laisses entraîner à te prosterner devant d'autres
dieux et à les servir, je vous le déclare aujourd'hui : vous disparaîtrez totalement, vous ne prolon-
gerez pas vos jours sur la terre où tu vas entrer pour en prendre possession en passant le Jour-
dain. J'en prends à témoin aujourd'hui contre vous le ciel et la terre : c'est la vie et la mort que
j'ai mises devant vous, c'est la bénédiction et la malédiction. Tu choisiras la vie pour que tu vives,
toi et ta descendance, en aimant le Seigneur ton Dieu, en écoutant sa voix et en t'attachant à lui.
C'est ainsi que tu vivras et que tu prolongeras tes jours, en habitant sur la terre que le Seigneur
a juré de donner à tes pères Abraham, Isaac et Jacob » (Dt 30,15-20).

juste orientation de la vie humaine, que la mission de l'Église trouve son sens premier :

> Mais c'est toujours librement que l'homme se tourne vers le bien. Cette liberté, nos contemporains l'estiment grandement et ils la poursuivent avec ardeur. Et ils ont raison. Souvent cependant ils la chérissent d'une manière qui n'est pas droite, comme la licence de faire n'importe quoi, pourvu que cela plaise, même le mal. Mais la vraie liberté est en l'homme un signe privilégié de l'image divine (*GS* 17).

Ce deuxième extrait de *Gaudium et spes* nous indique en effet que la liberté humaine est « en l'homme un signe privilégié de l'image divine ». En ce sens, la mission de l'Église est une mission d'éducation à la liberté dans le service de Dieu et des hommes, indissociablement :

> Les joies et les espoirs, les tristesses et les angoisses des hommes de ce temps, des pauvres surtout et de tous ceux qui souffrent, sont aussi les joies et les espoirs, les tristesses et les angoisses des disciples du Christ, et il n'est rien de vraiment humain qui ne trouve écho dans leur cœur. Leur communauté, en effet, s'édifie avec des hommes, rassemblés dans le Christ, conduits par l'Esprit saint dans leur marche vers le royaume du Père, et porteurs d'un message de salut qu'il faut proposer à tous (*GS* 1).

Car la mission de l'Église est indissociablement au service de Dieu qui se donne (voir *Dei Verbum* n° 2) et au service des hommes à qui elle a mission de révéler ce don de Dieu et le salut qu'il apporte. Ce qui est fondamental ici, c'est l'affirmation selon laquelle les hommes sont en marche vers le royaume du Père en étant rassemblés par l'Esprit dans le Christ. Pour cela, il faut bien considérer que service des hommes et service du Royaume sont indissociables : c'est en étant au service des hommes que l'Église est au service du Royaume et réciproquement.

> S'il faut soigneusement distinguer le progrès terrestre de la croissance du règne du Christ, ce progrès a cependant beaucoup d'importance pour le royaume de Dieu, dans la mesure où il peut contribuer à une meilleure organisation de la société humaine (*GS* 39).

Ainsi, s'il est nécessaire de distinguer les deux, c'est au nom de leur articulation. Le principe théologique fondamental est toujours ici celui de la mission de l'Église au service de la communion avec Dieu et de l'unité du genre humaine. L'Église doit être considérée comme le lieu de l'unité de tous les hommes au nom du don de Dieu[18]. En dehors de cette unité, qui est un fruit de l'Esprit, le risque de fragmentation et de mécompréhension de la mission ecclésiale est réel.

ÉVANGÉLISATION ET MISSION ÉDUCATIVE

La perspective missionnaire qui est celle des Pères de Vatican II se retrouve dans le décret sur l'éducation chrétienne, *Gravissimum educationis (GE)* :

---

18. Sur ce point, je me permets de renvoyer à ma contribution : F. Moog, « L'Église, proposition crédible de lien social vertueux », *in* J.-L. Souletie (dir.), *Les voies divines de la liberté*, Paris, Bayard, coll. « Theologia », 2011, p. 203 *sq.*

Ce qui appartient en propre [à l'École Catholique], c'est de créer pour la communauté scolaire une atmosphère animée d'un esprit évangélique de liberté et de charité. [...] En même temps, elle les prépare à travailler à l'extension du Royaume de Dieu de sorte qu'en s'exerçant à une vie exemplaire et apostolique, ils deviennent comme un ferment de salut pour l'humanité (*GE* 8).

L'unité de la mission apparaît ici dans le double objectif, unifié (« en même temps »), de mise en place des processus évangéliques tout en travaillant au renouvellement de l'humanité. On retrouve une telle conjonction dans un autre passage :

À ses enfants, l'Église est donc tenue, comme Mère, d'assurer l'éducation qui inspirera toute leur vie de l'Esprit du Christ ; en même temps elle s'offre à travailler avec tous les hommes pour promouvoir la personne humaine dans sa perfection, ainsi que pour assurer le bien de la société terrestre et la construction d'un monde toujours plus humain (*GE* 3).

Ici, l'unité se joue dans le rapport entre les fils de l'Église et tous les hommes, mais selon un principe de conjonction (« en même temps », encore une fois).

Le principal intérêt de cette conception est qu'elle ne s'exonère pas des exigences évangéliques. Elle désigne l'Évangile au cœur de la mission afin d'en permettre l'unification. Tout du moins si l'on veut bien considérer que l'Évangile n'est pas seulement ici un texte mais aussi et avant tout un témoignage transmis et vécu par une communauté chrétienne. On retrouve alors les trois domaines de la mission de l'Église (annonce, célébration et service) présentés comme les moyens propres de la mission ecclésiale :

> Dans l'accomplissement de sa mission éducative, l'Église, soucieuse d'utiliser tous les moyens appropriés, se préoccupe en particulier de ceux qui lui sont propres. Le premier est la formation catéché-tique qui éclaire et fortifie la foi, nourrit la vie selon l'esprit du Christ, achemine à la participation active et consciente au mystère liturgique et incite à l'action apostolique (*GE* 4).

Mais ces moyens propres ne sont pas présentés comme les ressources spécifiques d'une action pastorale décon-nectée de la mission globale. Au contraire, parce qu'elle est conjointement au service des hommes et du Royaume, ces moyens spécifiques sont au service aussi bien de la vie de l'Église que de la vie du monde ; « À l'avantage de l'une et de l'autre » est une affirmation qui le confirme :

> L'École Catholique revêt une importance considérable dans les circonstances où nous sommes, puisqu'elle peut être tellement utile à l'accomplissement de la mission du peuple de Dieu et servir au dialogue entre l'Église et la communauté des hommes, à l'avan-tage de l'une et de l'autre (*GE* 8).

ÉCOLE CATHOLIQUE ET PROPOSITION DE LA FOI

S'il y a urgence à envisager à nouveaux frais les pratiques concrètes d'évangélisation dans l'École Catholique, c'est donc bien à cause des impératifs de la mission et de la tradition éducative de l'Église qui, dans son service des hommes et du Royaume, met à la disposition du plus grand nombre ce qui fait vivre les croyants en son sein. Nous sommes là dans le cadre de la proposition de la foi que les évêques français appellent de leurs vœux dans la *Lettre aux catholiques de France*[19]. Le principe peut être énoncé ainsi : « Nous ne pouvons pas nous payer le luxe inutile de nous tenir sur les marges de notre société, en rêvant plus ou moins de nous replier sur quelques "prés carrés" dont nous serions les maîtres absolus. Les circonstances actuelles nous appellent, comme catholiques, à nous inscrire à l'intérieur de notre société et à y être effectivement nous-mêmes : des croyants, des disciples de Jésus[20]. » « Manifester la vitalité de [la] foi » (*LCF*, p. 28) dans l'École Catholique, ce n'est pas seulement énoncer la foi qui fait vivre le chrétien dans une structure ecclésiale et sociale, c'est aussi témoigner que « les ressources que les croyants puisent dans leur foi sont susceptibles d'être mises à contribution pour éclairer les problèmes fondamentaux que rencontrent ceux qui ont aujourd'hui la responsabilité d'enseigner[21] ».

Évitons absolument les contresens sur la notion de proposition. Celle-ci ne signifie nullement un retrait, dans le cadre d'un principe étrange selon lequel ce qui est

---

19. Conférence des évêques de France, *Proposer la foi dans la société actuelle, III, Lettre aux catholiques de France*, Assemblée des évêques, Paris, Cerf, coll. « Documents des Églises », 1997 [*LCF*]. Pour en comprendre les enjeux et la pertinence théologique, on se référera avec profit à H.-J. Gagey, *La nouvelle donne pastorale*, Paris, éd. de l'Atelier, 1999 et à H.-J. Gagey et D. Villepelet (dir.), *Sur la proposition de la foi*, Paris, éd. de l'Atelier, 1999.
20. Mgr Claude Dagens, « Pourquoi des catholiques s'engagent », *in* Mgr Claude Dagens (dir.), *Pour l'éducation et pour l'école…, op. cit.*, p. 12.
21. H.-J. Gagey, « La foi comme source », *in ibid.*, p. 79.

proposé n'est pas imposé. Une proposition, c'est une offre, une main tendue, une invitation à se déterminer. C'est l'expression d'une affirmation qui invite au dialogue. Proposer la foi dans l'Enseignement Catholique, c'est, selon les termes de Henri-Jérôme Gagey, reconnaître aux établissements catholiques d'enseignement la possibilité authentique d'être « des centres d'initiatives *possibles* pour que l'Église, s'inscrivant dans une logique de *proposition* et non plus de *confrontation,* se donne les moyens de participer à l'invention de nouvelles pratiques sociales[22] ».

Tout cela est très bien, mais ne dit rien encore des pratiques concrètes que l'École Catholique pourrait mettre en œuvre afin d'être cette force de proposition au nom de l'Évangile. Comment, surtout, éviter que tout projet ne soit condamné à être jugé selon des critères historiquement dépassés. On retrouve ici les querelles énoncées au début de cette introduction : schématiquement, toute initiative risque en effet d'être soit pas assez explicite dans son annonce de l'Évangile, soit trop prosélyte ; soit trop catholique, soit trop laïque ; soit trop attestatrice, soit trop laxiste… Ces querelles au sein de l'École Catholique ne sont que le symptôme d'un malaise plus profond lié d'une part à la difficulté pour les croyants de mobiliser la tradition évangélique dans un monde en mutation, d'autre part à un déficit anthropologique qui

---

22. *Ibid.*, p. 96-97.

aboutit à disjoindre mission éducative et mission d'évangélisation. Déficit anthropologique car cette disjonction est le signe que nous peinons à vivre cette affirmation paulinienne : « Ma vie aujourd'hui dans la condition humaine, je la vis dans la foi au Fils de Dieu qui m'a aimé et s'est livré pour moi » (Ga 2,20).

Les pages qui suivent constituent une invitation à dépasser ces querelles pour penser la pertinence de la mission de l'École Catholique dans la société actuelle. Elles sont le fruit de nombreuses rencontres avec des acteurs de l'Enseignement Catholique en France, notamment dans le cadre d'interventions devant des responsables de l'École Catholique, au niveau diocésain ou national. On ne trouvera ici ni programme ni recette. Cet ouvrage a pour seul but de proposer un diagnostic et d'indiquer les moyens les plus éprouvés, même s'ils sont parfois les plus surprenants, pour que l'École Catholique puisse être fidèle tant à sa mission qu'à son histoire.

Pour cela, nous procéderons en trois temps. Une première étape sera consacrée à la notion de « caractère propre ». Nous y étudierons quelques textes normatifs de l'École Catholique en France. Cette lecture permettra d'établir un diagnostic précis des difficultés de l'École Catholique en même temps qu'un outil d'analyse pour les repérer dans l'ensemble du champ d'action de l'école. Dans un deuxième temps, nous déplacerons notre attention des grands principes, difficiles à préciser et souvent inatteignables, vers les acteurs de l'École Catholique : la communauté éducative. Il s'agira d'en penser l'unité autour d'un projet unique quel que soit le statut de ses membres. Enfin, une troisième partie nous permettra de montrer que l'École Catholique ne peut pas se contenter d'énoncer des principes mais qu'elle doit mettre en œuvre des pratiques concrètes d'évangélisation. Nous indiquerons les moyens de parvenir à ces pratiques qui ont pour effet de renouveler le projet éducatif et donc la communauté éducative elle-même.

Avant de s'engager dans ce programme, quelques remerciements. Ma plus vive reconnaissance va tout d'abord à S. Ém. Mgr le cardinal Vingt-Trois, archevêque de Paris, qui m'a appelé à siéger au Conseil de tutelle de l'Enseignement Catholique de son diocèse et à M. Frédéric Gautier, directeur diocésain de l'Enseignement Catholique du diocèse de Paris qui m'y a accueilli avec confiance. Mes remerciements vont également à Mgr Jean-Marie Levert, évêque de Quimper et Léon, qui m'a suggéré d'écrire cet ouvrage, et à Mgr Éric Aumonier, évêque de Versailles, qui m'y a encouragé et a accepté d'en rédiger la préface. D'autres vont à M. Pascal Francisco et à M. Franck Jeannin qui, durant leurs études à l'ISPC (Institut supérieur de pastorale catéchétique), m'ont demandé de les accompagner dans leurs recherches et m'ont ainsi amené à creuser mes intuitions sur la mission de l'Enseignement Catholique. Je tiens également à remercier celles et ceux qui ont supporté mes interventions orales sur ces questions et ont accepté d'engager des débats constructifs sur les questions abordées dans cet ouvrage, et ceux qui m'ont invité à intervenir : le SGEC, la FNOGEC, de nombreuses DDEC, l'URCEC, des tutelles congréganistes, l'ECM[23]...

---

23. Cet inventaire est une manière de rendre hommage au goût des sigles si répandu dans l'Enseignement Catholique français. Il convient de lire : Secrétariat général de l'Enseignement Catholique, Fédération nationale des organismes de gestion de l'Enseignement Catholique, Direction diocésaine de l'Enseignement Catholique, Union des réseaux congréganistes de l'Enseignement Catholique, École des cadres missionnés.

I

L'INSAISISSABLE
« CARACTÈRE PROPRE » – DIAGNOSTIC

L'Enseignement Catholique en France est régi par un paradoxe : sa nature s'énonce dans la notion de « caractère propre » que personne ne parvient à définir. Prenons le cas des auteurs déjà cités.

L'ouvrage de Mgr Cattenoz propose une réflexion de fond sur « l'avenir du caractère propre de l'Enseignement Catholique[1] ». Ce projet prend appui sur un double constat : d'une part « le caractère propre et spécifique des établissements catholiques est à la fois ambigu et mal défini[2] », d'autre part « il est difficile de trouver, même dans les documents officiels des établissements catholiques d'enseignement, une définition claire, cohérente de ce qui constitue le "caractère propre" des établis-

---

1. Mgr Jean-Pierre Cattenoz, *Une charte pour l'Enseignement Catholique du diocèse d'Avignon...*, *op. cit.*, p. 8.
2. *Ibid.*, p. 75-76.

sements catholiques[3] ». La conclusion apparaît logi-
quement : « la définition du "caractère propre" des
établissements catholiques doit être repensée[4] ». L'ouvrage lui-même se présente comme une proposition de
définition de ce « caractère propre » : « Le caractère
propre de l'École Catholique est donc de conduire chaque
enfant à découvrir et à approfondir sa foi, à bâtir sa vie
humaine sur des bases saines et à en découvrir, dans le
Christ, les dimensions nouvelles[5]. » Adressée comme
proposition, cette définition a le mérite d'alimenter le
débat, mais elle a comme limite de ne dévoiler ni ses
fondements théologiques, ni ses présupposés pastoraux.
Elle semble alors faire reposer la notion de caractère
propre soit sur une opinion, soit, dans le cas précis de
Mgr Cattenoz, sur une option pastorale autorisée mais,
nécessairement, limitée au seul diocèse d'Avignon. Dans
tous les cas de figure, on ne saurait s'en contenter.

Mgr Rey établit un lien direct entre le nécessaire réin-
vestissement du « caractère propre » et la mission d'évangélisation de l'École Catholique : « L'École Catholique est
appelée à un courageux renouvellement. Elle doit mieux
assumer son caractère propre et redonner consistance
tant à son identité chrétienne qu'à son projet éducatif
spécifique. C'est au prix de cette fidélité que l'École
Catholique peut prendre toute sa part à la mission évan-

---

3. *Ibid.*, p. 77.
4. *Ibid.*, p. 81.
5. *Ibid.*, p. 106.

gélisatrice de l'Église[6]. » Le renouvellement espéré consiste en premier lieu à « affronter la question de son identité chrétienne (celle de l'École Catholique) face au risque de l'indifférenciation, de la privatisation économique, du délitement de son caractère propre[7] ». Cela passe par une redécouverte radicale de la dimension ecclésiale de l'École Catholique : « L'école "catholique" reçoit sa vocation de l'Église. Elle est un acteur ecclésial. Elle est présence d'Église. Sa mission ne relève pas d'abord de sa propre réflexion interne, comme si elle se donnait à elle-même sa mission[8]. » Là encore, la proposition est stimulante mais si tous les moyens mis en œuvre semblent dessiner un projet pastoral ambitieux[9], c'est sans montrer comment ce programme pourrait construire des sujets aptes à une vie éthique digne sans que cela leur demande de devenir des chrétiens conscients et engagés.

Dans l'ouvrage dirigé par Mgr Dagens, André Blandin reconnaît que, dans la loi Debré qui l'institue, le « caractère propre » n'est pas défini[10]. Il le situe cependant dans l'articulation au sein d'une double mission de service public d'éducation et de mission ecclésiale, selon le double statut de « structure civile et institution chrétienne[11] ». Cette manière de situer le caractère propre est

---

6. Mgr Dominique Rey, *Urgence éducative…*, *op. cit.*, p. 220.
7. *Ibid.*, p. 10.
8. *Ibid.*, p. 135.
9. Voir *ibid.*, p. 169-181.
10. Voir A. Blandin, « Une double fidélité à la mission reçue de l'Église et au contrat avec l'État », dans Mgr Claude Dagens (dir.), *Pour l'éducation et pour l'école…*, *op. cit.*, p. 195.
11. *Ibid.*, p. 197.

particulièrement importante car elle signifie, dans le respect du texte de la loi Debré de 1959, que la notion de « caractère propre » doit être comprise comme la contribution spécifique de l'Église à la mission de service public d'éducation ou comme l'expression de sa « volonté positive de participation au système éducatif de la nation[12] ». Dans le projet plus global de l'ouvrage, on doit alors comprendre que la notion de caractère propre renvoie à la foi chrétienne comme « source inépuisable de compréhension du monde et de confiance dans la vie[13] ». Une telle contribution possède elle aussi ses limites en ceci qu'elle ne précise pas les modalités de la mise en œuvre pratique de cette participation au service de la mission éducative par la foi chrétienne conçue comme force de proposition. Ici cependant, le « caractère propre » est situé dans une perspective où il peut commencer à être appréhendé, celui de l'articulation entre deux missions qui semblent contradictoires : un service public d'éducation d'une République qui revendique sa laïcité et la mission que l'Église reçoit du Christ.

UNE LOGIQUE PARADOXALE D'ASSOCIATION

Cette porte d'entrée permet de rappeler une vérité trop fréquemment oubliée : l'Enseignement Catholique n'est, en France, « ni public ni privé, mais *associé*, et depuis bientôt cinquante ans vit une expérience singulière de

---

12. *Ibid.*, p. 197-198.
13. Mgr Claude Dagens, « Héritiers, citoyens et témoins de Dieu… », art. cité, p. 77.

liens avec l'État par son insertion dans l'ensemble du système éducatif français[14] ». Ni public ni privé : associé. C'est sa caractéristique et c'est ce qui l'oblige à penser conjointement service public d'éducation et mission ecclésiale. Pour le dire avec les mots d'André Blandin, il s'agit bien d'honorer « une double fidélité à la mission reçue de l'Église et au contrat avec l'État[15] ». Pourquoi cela semble-t-il si peu simple ?

Nous formulons l'hypothèse que la difficulté est liée à la nature juridique de la notion de « caractère propre » qui est une notion du droit français spécialement forgée pour dire la spécificité de l'Enseignement Catholique. Mais il n'est pas sûr que l'Église puisse, sur cette notion juridique non définie, fonder la réflexion qu'elle entend mener sur sa mission spécifique et trouver les moyens concrets de la mettre en œuvre. Il nous semble alors important de prendre comme point de départ la loi par laquelle la notion de « caractère propre » s'offre à la discussion.

LA LOI DEBRÉ (31 DÉCEMBRE 1959)

La loi du 31 décembre 1959 « sur les rapports entre l'État et les établissements d'enseignement privés[16] » a été voulue par le général de Gaulle pour mettre un terme à la querelle scolaire. Son article premier dispose que :

---

14. A. Blandin, « Une double fidélité à la mission reçue de l'Église et au contrat avec l'État », art. cité, p. 193.
15. *Ibid.*, p. 193, c'est le titre de sa contribution.
16. Loi n° 59-1557 publiée dans le *Journal officiel* du 2 janvier 1960 (p. 218).

Dans les établissements privés qui ont passé un des contrats prévus, l'enseignement placé sous le régime du contrat est soumis au contrôle de l'État. L'établissement, tout en conservant son caractère propre, doit donner cet enseignement dans le respect total de la liberté de conscience. Tous les enfants, sans distinction d'origine, d'opinion ou de croyance, y ont accès.

Pour la question qui nous intéresse, cette apparition de la notion de « caractère propre » appelle cinq remarques. Tout d'abord, l'Enseignement Catholique (95 % des établissements sous contrat) est reconnu comme partenaire de l'État français dans sa mission éducative. Pour le dire autrement, de telle sorte qu'apparaisse bien l'originalité de la proposition : l'Église catholique est reconnue partenaire de l'État laïc dans sa mission de service public d'éducation. Nous sommes là dans ce qui est le plus juste du principe de laïcité qui situe l'État et les institutions religieuses comme partenaires. Il s'agit de fait d'une reconnaissance réciproque. D'une part, l'Église reconnaît à l'État sa pleine responsabilité dans le domaine de l'enseignement et de l'éducation. D'autre part, l'État reconnaît à l'Église la capacité d'être partenaire dans cette mission de service public.

Par ailleurs, cette reconnaissance réciproque aboutit de fait à une association de l'État et de l'Église. Pour l'Enseignement Catholique, cela implique de « prendre part institutionnellement à la responsabilité de la Nation vis-à-vis de l'enseignement et de l'éducation[17] ». Cette

17. *Statut de l'Enseignement Catholique* – Préambule n° 2. N. B : nous citons dans l'ensemble de

participation aboutit à un contrat qui lie les deux partenaires, État et Église, selon les dispositions prévues par la
loi et mentionné en tête de la citation de l'article 1 de la
loi Debré de 1959. Ce contrat peut être de deux ordres,
contrat simple ou contrat d'association, ce dernier
concernant deux tiers des écoles primaires et la totalité
des collèges et lycées[18]. Ainsi « associé », l'Enseignement
Catholique jouit d'une reconnaissance spécifique de
l'État, de telle sorte que ses enseignants sont des contractuels de droit public dont la nomination est soumise à
l'accord du chef d'établissement[19].

Troisième remarque, cette association implique de la
part de l'État un contrôle : « L'enseignement placé sous le
régime du contrat est soumis au contrôle de l'État. » Ce
contrôle est absolument légitime puisqu'il s'agit de la
mise en œuvre par l'Église d'une responsabilité de l'État.
L'Enseignement Catholique l'admet d'autant plus que,
« institutions chrétiennes qui participent à un service
d'intérêt national, [les établissements catholiques d'en-
seignement] reconnaissent les obligations qui en découlent[20] ». Il faut cependant noter que la loi Debré spécifie le
domaine du contrôle par l'État à l'enseignement et non
pas à l'ensemble de la vie de l'établissement. Cela laisse
une marge d'initiative importante à l'Enseignement

---

l'ouvrage le *Statut* promulgué en 1992, sans préjuger du contenu de la nouvelle version du *Statut*
en cours de rédaction alors que nous écrivons ces lignes.
18. Voir A. Blandin, « Une double fidélité à la mission reçue de l'Église et au contrat avec l'État »,
art. cité, p. 194.
19. Voir article L 442-5 du code de l'éducation.
20. *Statut de l'Enseignement Catholique* – Préambule n° 1.

Catholique, notamment dans la prise en compte des normes canoniques de l'École Catholique (c. 796 *sq.*), mais toujours dans le respect du contrat qui la lie à l'État : « Sous la vigilance de l'évêque du lieu, l'Enseignement Catholique possède ses structures propres en vue de remplir sa mission spécifique, en lien habituel avec les autorités civiles compétentes au plan départemental, académique, régional et national[21]. » C'est déjà au niveau de l'organisation que se joue la spécificité des établissements catholiques d'enseignement.

La quatrième remarque nous permet d'entrer de plein pied dans la question du « caractère propre » qui structure ce premier paragraphe de la loi Debré. Signalons tout d'abord que le texte de la loi ne le définit pas. On peut cependant comprendre que l'État « en garantit l'exercice et le respect[22] ». Ainsi, s'il n'appartient pas à la loi de définir ce « caractère propre », il lui appartient d'en reconnaître l'existence. C'est ainsi que l'Église peut se sentir autorisée à faire preuve d'initiatives variées, elle peut être force de proposition, mettant en œuvre ce qui lui est propre : « [L'Enseignement Catholique] manifeste qu'en un tel domaine, où les activités entreprises sont inséparables du sens de l'homme qui les sous-tend, l'Église catholique a des propositions à faire aux familles de ce pays, dans le respect de la liberté de conscience de chacun : ce sont les richesses du message évangélique

---

21. *Ibid.*
22. A. Blandin, « Une double fidélité à la mission reçue de l'Église et au contrat avec l'État », art. cité, p. 195.

qu'elle veut mettre à la disposition de tous au cœur même de la réalité scolaire[23]. » Nous comprenons que, dans sa participation à la mission de service public, l'Église est invitée à mettre en œuvre ce qui lui est spécifique et appartient à la mission même de l'Église[24]. Nous comprenons enfin que, sur ce qui appartient en propre à la mission ecclésiale, l'État n'opère aucun contrôle et, dans le respect des principes de laïcité, n'intervient nullement. Mais est-ce si simple ?

ASSOCIATION OU JUXTAPOSITION ?

En guise d'ultime remarque sur ce passage de la loi Debré, relisons attentivement ce qui est dit du « caractère propre » : « L'établissement, tout en conservant son caractère propre, doit donner cet enseignement dans le respect total de la liberté de conscience. » La syntaxe même de la phrase permet de dépasser la première impression : dans ce passage, la loi intervient dans la définition du « caractère propre ». Elle intervient dans ce qui appartient en propre à la mission ecclésiale. Comment ? Par la structure de la phrase. Ici, le texte ne dit pas que l'Enseignement Catholique peut tout à la fois respecter ses engagements contractuels vis-à-vis de la mission éducative de l'État et le faire à partir de ce qu'il est, une structure ecclésiale.

---

23. *Statut de l'Enseignement Catholique* – Préambule n° 2.
24. Voir *Statut de l'Enseignement Catholique* – Préambule n° 4 : « En effet, l'Enseignement Catholique, dans chaque diocèse, puise sa raison d'être et son souci de développement dans la mission même de l'Église. »

Le texte dit : « tout en conservant son caractère propre », c'est-à-dire qu'il procède à deux opérations. D'une part, il isole le « caractère propre », le « tout en conservant » permettant en effet d'envisager que le « caractère propre » puisse être distingué avec précision dans l'ensemble de la vie d'un établissement. D'autre part, il prend position sur ce que le « caractère propre » permet ou ne permet pas. En effet, dire que « l'établissement, tout en conservant son caractère propre, doit donner cet enseignement dans le respect total de la liberté de conscience », c'est sous-entendre que, sans cette obligation, ce qui constitue le « caractère propre » d'un établissement ne respecte pas totalement la liberté de conscience des acteurs de l'établissement. C'est dire également, pour reprendre la fin de cet article de la loi, que le « caractère propre » ne garantit pas l'accès de tous les enfants, « sans distinction d'origine, d'opinion ou de croyance ». Nous ne nous poserons pas la question de la légitimité d'une telle prise de position de la loi sur le « caractère propre[25] ». Ce qui nous intéresse ici, c'est de noter que la notion même de caractère propre implique une dissociation de ce qui appartient à la mission de service public d'éducation et de ce qui appartient à la mission ecclésiale.

En ce sens, la notion de « caractère propre » promeut une association qui juxtapose deux réalités sans permettre

---

25. La tradition ecclésiale est très claire sur ce point : « On respectera donc la liberté religieuse et la conscience des élèves et des familles. La liberté est fermement défendue par l'Église », rappelle la Congrégation pour l'éducation catholique dans *Dimension religieuse de l'éducation dans l'École Catholique*, n° 6. Voir également le *Statut de l'Enseignement Catholique* – Préambule n° 2.

de les conjoindre sereinement. Ainsi, nous ne pouvons plus penser ce que nous écrivions il y a quelques pages en fidélité au *Statut de l'Enseignement Catholique* (Préambule n° 4), que dans sa participation à la mission de service public, l'Église est invitée à mettre en œuvre ce qui lui est spécifique et appartient à la mission même de l'Église. L'Église doit comprendre qu'elle est plus justement invitée à disjoindre, dans son activité scolaire, ce qui ressort de sa mission spécifique (« caractère propre ») et ce qui appartient à la mission de service public d'éducation à laquelle elle est associée.

En conséquence, la notion de « caractère propre » est paradoxale. D'un côté elle constitue un élément de reconnaissance de la capacité de l'Église à participer à la responsabilité de l'État dans le domaine de l'enseignement et de l'éducation. D'un autre côté, elle promeut le maintien d'une distinction claire entre mission ecclésiale et mission de service public. On peut par ailleurs remarquer que la notion de « caractère propre » opère toujours ce hiatus entre les deux missions, empêchant la « double fidélité à la mission reçue et au contrat avec l'État » appelée de ses vœux par André Blandin. En effet, lorsque Mgr Cattenoz se demande « comment accueillir vraiment des jeunes de tout horizon sans rien perdre de notre caractère propre[26] ? », il valide la proposition de la loi Debré en

---

26. Mgr Jean-Pierre Cattenoz, *Une charte pour l'Enseignement Catholique du diocèse d'Avignon...*, *op. cit.*, p. 97.

sous-entendant que l'accueil le plus large constitue un défi menaçant pour le « caractère propre ».

De ce qui précède, on peut proposer le schéma suivant, qui sera complété par la suite :

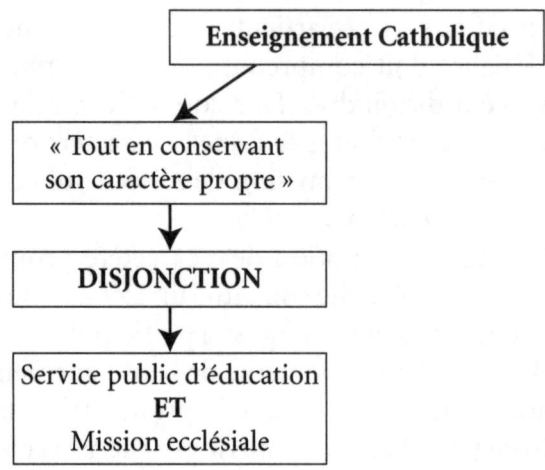

Pour conclure, ayant noté que la genèse de l'expression implique que la notion de « caractère propre » soit discriminante, nous pouvons tout d'abord conseiller de maintenir son usage au strict domaine de la loi Debré et de l'abandonner systématiquement dès lors qu'il s'agit de définir les moyens propres que l'Église met en œuvre pour assurer le service public d'éducation qui lui est confié par l'État. De plus, il convient d'accepter que la loi française s'interdise de préciser à la place de l'Église quelle spécificité celle-ci entend engager dans son association avec l'État (sachant que l'engagement à respecter la loi va

de soi). Pour cela, c'est l'articulation entre mission ecclésiale et mission de service public qu'il faut réinvestir.

MISSION ECCLÉSIALE ET MISSION DE SERVICE PUBLIC

Isoler le « caractère propre », comme le suggère la
lecture du premier paragraphe de la loi Debré, c'est intro-
duire une discontinuité dans la mission et la vie des
établissements catholiques d'enseignement. Or c'est pré-
cisément ce hiatus qui pose généralement problème. Cela
apparaît clairement dès lors que, par exemple, on isole le
domaine de ce que l'on appelle facilement « la » pastorale
et le reste de la vie de l'établissement. On peut alors, avec
la facilité que permet la superficialité de l'analyse, considérer que les activités pastorales constituent le caractère
propre, disjoint du reste de la vie de l'établissement. La
loi Debré autorise cette disjonction qui, une fois mise
au jour, est facilement repérable dans la vie des établissements scolaires.

La lecture des brochures de présentation, des sites
Internet, des organigrammes de ces établissements, mais
aussi des emplois du temps et, plus généralement, du
vocabulaire employé, montre combien il est tentant de
faire résider la catholicité des établissements dans
quelques activités qui semblent n'avoir aucune incidence
sur le reste de la vie de l'établissement. On se trouve alors
dans ce que l'on pourrait appeler une « politique des
tiroirs » : à certains moments de la vie de l'établissement,
on peut ouvrir le tiroir « pastorale », sans que cela affecte

en rien les autres « tiroirs » (vie scolaire, pédagogie, budget, administration, discipline, culture…). En ce sens, on a neutralisé la catholicité de l'établissement. En effet, si celle-ci réside dans le fait d'activités externes au reste de la vie de l'établissement, alors il n'existe fondamentalement aucune différence entre un établissement catholique d'enseignement et un établissement public d'enseignement pourvu d'une aumônerie, en dehors peut-être de la proximité du lieu d'activité pastorale…

Derrière ce propos, légèrement caricatural mais entièrement assumé, se trouve la question de l'unité de la mission. Est-il vraiment possible de penser – et surtout de vivre – une articulation féconde entre mission ecclésiale et mission de service public ? Ce qui est en jeu, c'est la catholicité des établissements qui requiert d'investir massivement le cœur de la mission ecclésiale de l'Enseignement Catholique.

LA « NATURE MÊME » DE LA MISSION ECCLÉSIALE

Ce que l'École Catholique dit de sa mission nous éclaire sur les exigences de cette catholicité : « L'École Catholique est donc elle-même un lieu d'évangélisation, d'authentique apostolat, d'action pastorale, non par le moyen d'activités complémentaires, parallèles ou parascolaires, mais par la nature même de son action orientée à l'éducation de la personnalité chrétienne[27]. » Reprenons les trois

---

27. *Statut de l'Enseignement Catholique* – Préambule n° 6. Il s'agit en fait d'une citation du Décret de la Congrégation pour l'éducation catholique, *Dimension religieuse de l'éducation dans l'École Catholique* (1988), n° 33.

volets de cette affirmation articulée autour des trois termes « elle-même », « non », « mais ».

Ce passage commence par une description positive de ce qu'est l'École Catholique « elle-même ». Elle est « un lieu d'évangélisation, d'authentique apostolat, d'action pastorale ». L'affirmation est claire : il appartient à l'École Catholique d'être un lieu d'évangélisation, d'apostolat et d'action pastorale. L'absence de définition de ces vocables sera un obstacle à terme. En effet, ce qui est dit ici de l'École Catholique vérifie ce que nous écrivions en introduction à cet ouvrage : la question centrale pour l'École Catholique est celle de l'évangélisation. Or la notion d'évangélisation est elle-même complexe. Par ailleurs, il doit être clair qu'elle est inaudible pour l'État. Il demeure que dans l'enseignement autorisé de l'Église, la raison d'être de l'École Catholique réside dans ces trois termes : évangélisation, apostolat, action pastorale. Leur définition est d'autant plus urgente que le risque existe de développer ces trois axes en dehors du cœur de la vie de l'établissement, ce que le texte refuse très nettement.

« Non par le moyen d'activités complémentaires, parallèles ou parascolaires », poursuit-il. Ce que nous devons comprendre et admettre, c'est que l'évangélisation, l'apostolat et l'action pastorale ne peuvent pas désigner des activités additionnelles à la vie dite « normale » d'un établissement scolaire. On doit rappeler ici le danger de disjonction présenté dans les pages précédentes et qui neutralise la catholicité de l'établissement. Ainsi, il ne s'agit pas d'ajouter à la vie de l'établissement le maximum d'activités dites « pastorales » (catéchèse, célébrations diverses, actions caritatives, culture religieuse...) pour pouvoir être le plus catholique possible. Au contraire, nous dit ce texte normatif pour l'École Catholique au niveau mondial : évangélisation, apostolat et action pastorale ne sont pas des activités « en plus ». Cela ne signifie pas, bien sûr, que des actions liturgiques ou caté- chétiques n'y aient pas droit de cité[28]. Mais alors, où la catholicité de l'établissement se joue-t-elle ?

« Mais par la nature même de son action. » D'après ce texte, l'École Catholique doit être un lieu d'évangéli- sation, d'authentique apostolat, d'action pastorale « par la nature même » de son action. Que cette action soit « orientée à l'éducation de la personnalité chrétienne » ne nous aide pas à comprendre comment, « par la nature même de son action », un établissement pourrait être un sujet d'évangélisation, d'apostolat et d'action pastorale. Prenant acte du fait qu'il n'existe pas de mathématiques chrétiennes, doit-on reprendre ici le débat sur l'existence d'une manière chrétienne de donner un cours de mathé- matique ? Nous préférons nous en tenir pour le moment à trois remarques.

La première est que cette question est principalement d'ordre anthropologique. Lorsque l'on parle d'un sujet croyant qui se revendique catholique, ou qui est reconnu comme tel, on ne peut pas considérer que sa catholicité

---

28. Cela signifie encore moins qu'un établissement serait d'autant plus catholique que la caté- chèse, la liturgie et la diaconie y seraient absentes !

réside dans des actes extérieurs, spécifiquement cultuels (aller à la messe, lire la Bible...) sans que cela affecte l'ensemble de sa vie d'homme. De la même manière, un établissement ne peut faire résider sa catholicité dans des actions « complémentaires » sans que celle-ci soit également engagée dans l'ensemble du reste de la vie de l'établissement. Nous devons ainsi tenir qu'il existe une manière évangélique – et donc catholique – d'accueillir, d'accompagner, de pardonner, de considérer l'autre, de l'enseigner...

La deuxième remarque est dans la ligne de la précédente : au nom du principe anthropologique qui précède, il faut remarquer la pertinence de la ligne directrice fixée par le passage que nous étudions, celle de l'unité ou, pour le dire autrement, de la conjonction au sein de la vie de l'établissement. En effet, dire qu'évangélisation, apostolat et actions pastorales ne résident pas dans des activités complémentaires ne doit pas inciter à se réfugier trop rapidement derrière une « transversalité » de la pastorale, selon l'expression courante, qui s'exonère de penser les modalités concrètes qui permettront à l'établissement d'être authentiquement un lieu d'évangélisation. Affirmer l'unité et la conjonction ne dédouane pas de l'exigence liée à la catholicité de l'établissement. C'est alors qu'une école catholique n'est pas simplement une école confiée à l'Église, mais une école à partir de laquelle l'Église peut mettre en œuvre sa catholicité.

Troisième remarque : elle concerne le passage que nous avons déjà opéré de « caractère propre » à « nature même » et de l'étape suivante qui commence à se préciser, celle des « moyens propres » dont dispose l'Église pour assumer une mission d'enseignement et d'éducation. Car, pour l'École Catholique, si être un lieu d'évangélisation ne signifie pas mettre en place des activités complémentaires, cela requiert tout de même des pratiques concrètes à mettre en œuvre. Ainsi, une école ne sera pas catholique parce que la catéchèse y sera proposée. Elle peut même être catholique sans cela. Mais elle ne sera pas catholique sans pratiques concrètes qui lui permettront d'être un lieu d'évangélisation.

Avant de présenter quelles sont ces pratiques concrètes, nous pouvons constater que cette première étape du parcours nous permet de disposer d'un outil d'analyse et de discernement.

UN OUTIL DE DISCERNEMENT

Alors que la notion de « caractère propre » opère une disjonction entre mission ecclésiale et mission de service public, on entrevoit la possibilité d'une option nouvelle qui nécessite de parvenir à penser l'unité de la « nature même » de l'École Catholique. À partir du schéma que nous avons proposé, cette option se présente ainsi :

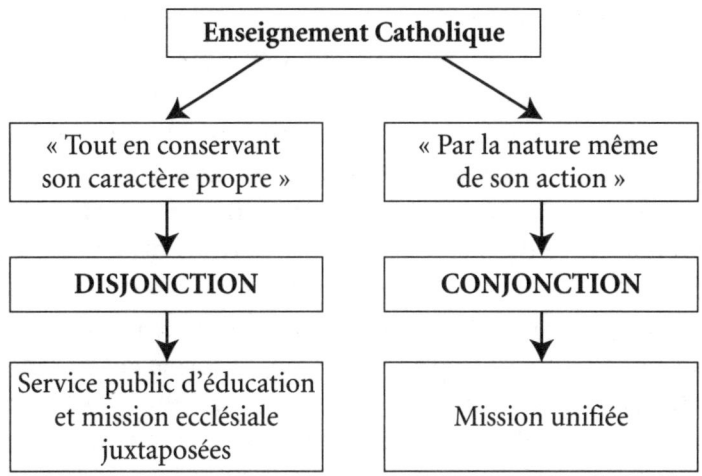

Si un schéma comporte toujours, par nature, le danger du schématisme, il contribue toutefois à baliser le raisonnement. Celui-ci permet de mettre en évidence deux conceptions de l'Enseignement Catholique à partir de l'articulation entre mission ecclésiale et contrat avec l'État. D'un côté, une dissociation entre mission ecclésiale et service public d'éducation, qui implique entre eux un rapport de disjonction et de juxtaposition. C'est ce qu'induit la notion de « caractère propre ». D'un autre côté, une association – donc tout aussi conforme à la loi Debré – entre mission ecclésiale et responsabilité étatique dans le domaine de l'enseignement et de l'éducation, qui implique entre elles un rapport de conjonction.

Mais alors qu'il est facile de penser une dissociation des deux missions, le défi qui consiste à les unifier est complexe à relever concrètement. Nous y reviendrons. Pour l'heure, nous pouvons inviter à vérifier la pertinence de cet outil en revenant sur l'une de nos affirmations précédentes. Nous parlions des brochures de présentation des établissements, des sites Internet, des organigrammes de ces établissements, mais aussi des emplois du temps... Cet outil le permet de les lire en vérifiant la capacité à mettre en place ce que nous avons appelé une « politique des tiroirs ». Par exemple lorsque « la » pastorale est présentée en marge et que la référence évangélique se limite à quelques actions ciblées ou à des activités cultuelles sans sembler atteindre les fonctions d'accueil, de discipline, de pédagogie... ; lorsqu'il existe un « adjoint en pastorale scolaire » (APS) présenté comme un adjoint parmi d'autres et que, sur ses épaules, le chef d'établissement pourra se décharger de tout ce qui est du domaine de la pastorale. Alors, c'est bien de disjonction dont il s'agit. Chaque acteur de l'École Catholique pourrait ici être amené à se demander quels sont les aspects de la vie de son établissement – ou les aspects de la mise en œuvre de sa mission au sein de l'établissement – qui confirment ou infirment ce diagnostic. Chaque communauté éducative pourrait également se demander quel est le sens de la référence évangélique dans son projet éducatif. Par exemple, s'il est précisé que c'est « au nom de l'Évangile » que l'établissement accueille des élèves sans distinction de catégorie sociale ou de religion : quels sont les moyens que l'on se donne pour vérifier que cette disposition est bien prise « au nom de l'Évangile » et non pas au nom des intérêts financiers, ou par souci de conformité avec la loi, ou au nom de valeurs négociables ?

Cette dernière question en appelle une autre : mais comment parvenir à la conjonction que le *Statut de l'Enseignement Catholique* promeut ? Comment faire de nos établissements des lieux d'évangélisation sans que cela constitue un repli de l'Église sur elle-même et contrevienne ainsi à la logique d'association ? Ce sont ces questions essentielles auxquelles cet ouvrage veut répondre. Mais avant de nous engager dans cette réponse, il nous faut vérifier le diagnostic que nous posons et la pertinence de l'outil d'analyse et de discernement que nous proposons.

LIEUX DE VÉRIFICATION

Nous avons choisi deux lieux de vérification du diagnostic et de l'outil d'analyse que nous proposons : la mission du chef d'établissement et la conception de la communauté éducative. Dans les deux cas, penser en termes de conjonction et de disjonction permet en effet non seulement de distinguer des conceptions différentes, mais d'analyser des situations concrètes.

LA MISSION DU CHEF D'ÉTABLISSEMENT

La mission du chef d'établissement dans l'Enseignement Catholique est présentée dans l'article 8 du *Statut de l'Enseignement Catholique* :

Le chef d'établissement a la responsabilité des différents projets et de leur cohérence. Dans le respect des textes en vigueur qui définissent son statut, avec la responsabilité pastorale que lui confère la lettre de mission mentionnée à l'article 23, il a la charge éducative, pédagogique, administrative et matérielle de l'établissement ; il veille à ce que soient assurées les meilleures conditions de l'animation spirituelle. Il rend compte de sa responsabilité à l'autorité de tutelle qui le nomme[29].

Cette présentation justifie de considérer la mission du chef d'établissement comme lieu de vérification de notre hypothèse car elle fait reposer sur les épaules de celui-ci l'ensemble de la « responsabilité des différents projets » dans l'établissement « et de leur cohérence ». L'équilibre de l'ensemble repose sur la proposition suivante : « avec la responsabilité pastorale que lui confère la lettre de mission [...], il a la charge éducative, pédagogique, administrative et matérielle de l'établissement ».

Dans ce passage, nous remarquons tout d'abord que le *Statut* distingue, dans la mission du chef d'établissement, une responsabilité et une charge. La responsabilité est qualifiée : elle est pastorale. L'institution dans la responsabilité est précisée : le chef d'établissement se voit remettre une « lettre de mission », délivrée par l'autorité de tutelle (évêque ou supérieur[e] majeur[e][30]). La charge est également qualifiée, elle est « éducative, pédagogique, administrative et matérielle ». Il est précisé à l'article 23 comment cette charge est pourvue : c'est par

---

29. *Statut de l'Enseignement Catholique* – Article 8.
30. Voir *Statut de l'Enseignement Catholique* – Article 23.

la signature du contrat de travail qui suit la nomination par la lettre de mission.

La principale difficulté réside dans l'articulation entre cette responsabilité et cette charge. Sa compréhension dépend de la valeur du « avec » qui structure la phrase. Or cette préposition peut favoriser des interprétations très différentes. Selon les principes déjà énoncés plus haut, on peut concevoir deux interprétations principales.

D'un côté, on peut comprendre ce « avec » dans le sens de « en plus de… ». On dira alors que, en plus de la responsabilité pastorale, le chef d'établissement reçoit la charge éducative, pédagogique, administrative et matérielle de l'établissement. On est alors dans le cadre d'un rapport de disjonction entre la responsabilité et la charge, de telle sorte que l'une et l'autre sont juxtaposées. On peut même envisager que, dans la gestion quotidienne de la vie d'un établissement, le rapport soit inversé et que, de fait, le chef d'établissement soit en charge concrète de l'établissement et que, « en plus », il en assume la responsabilité pastorale qui, dans un cadre de disjonction, peut facilement être déléguée.

D'un autre côté, on peut comprendre que « avec » a le sens de « au nom de… ». Ainsi, on dira que, au nom de sa responsabilité pastorale, le chef d'établissement reçoit la charge éducative, pédagogique, administrative et matérielle de l'établissement. On se situe alors clairement dans un rapport de conjonction entre la responsabilité et la charge, de telle sorte que ce soit la responsabilité pastorale qui habilite à la charge éducative, pédagogique, administrative et matérielle.

Cela donne le schéma suivant :

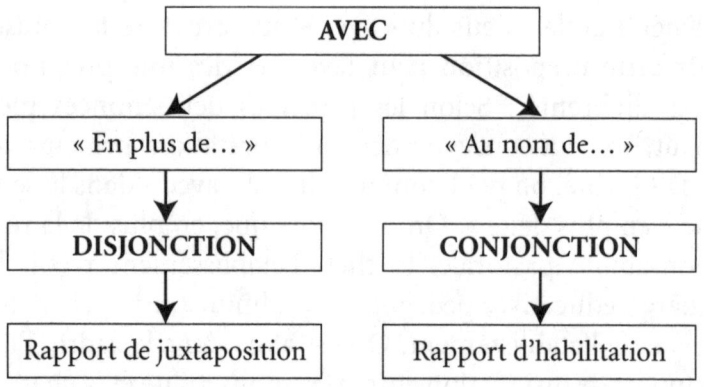

En théorie, la situation est claire. Le contexte du passage cité et l'article 23 auquel il fait référence permettent de comprendre que la volonté du rédacteur penche claire-ment du côté d'une interprétation conjonctive. En effet, d'une part l'article 8 du *Statut* se termine par le devoir de rendre compte à l'autorité de tutelle en précisant bien que la nomination dépend de cette dernière. Or la tutelle étant une instance ecclésiale – et aucune instance civile n'étant ici destinataire d'un tel compte rendu –, on ne peut pas considérer qu'il y a simple juxtaposition de la responsabilité pastorale et de la charge de l'établissement. D'autre part, la lecture de l'article 23 du *Statut* permet de retracer le processus qui institue un chef d'établissement en quatre étapes :

– l'autorité de tutelle consulte le conseil de tutelle ;

– elle recueille l'avis de l'organisme de gestion de l'Enseignement Catholique (OGEC) ;

– elle délivre une lettre de mission qui précise « les orientations qu'il lui est demandé de mettre en œuvre » ;

– puis, « cette condition réalisée », l'OGEC établit le contrat de travail.

De plus, le retrait de la mission entraîne la fin du contrat de travail par licenciement[31]. Ainsi, on comprend que la lettre de mission possède un vrai statut d'habilitation au travail de chef d'établissement. Autrement dit, c'est bien la responsabilité pastorale conférée par la lettre de mission qui habilite à la charge éducative, pédagogique, administrative et matérielle de l'établissement. Le rapport entre les deux est clairement un rapport d'habilitation ou de conjonction, pour reprendre les termes que nous avons utilisés auparavant.

Cependant, au-delà de la théorie, la pratique résiste… En effet, d'une part la responsabilité civile est tellement lourde (notamment dans le domaine de la sécurité et des finances) et la charge tellement prenante que le chef d'établissement peut facilement être tenté de reléguer sa responsabilité pastorale au second plan. D'autre part, il se peut que le chef d'établissement ne soit pas suffisamment à l'aise avec sa propre situation de croyant comme dans son rapport à l'Église et qu'il ne trouve pas l'écoute et les conseils qui lui permettraient d'assumer sa responsabilité pastorale avec

---

31. Voir *Statut de l'Enseignement Catholique* – Articles 23-26.

sérénité. Il risque alors de s'en décharger sur quelqu'un d'autre. Dans les deux cas, il ne sera pas en mesure d'assurer sa mission selon un principe de conjonction.

On retrouve la même nécessité d'interprétation si l'on étudie le *Statut du chef d'établissement du second degré* de 1996. Si la description qui est faite de la fonction de chef d'établissement est celle de l'article 8 du *Statut de l'Enseignement Catholique*[32], le texte glisse progressivement vers la reconnaissance de deux responsabilités distinctes qui, bien que qualifiées d'« indissociables », sont bien présentées dans un rapport de juxtaposition :

> Ces responsabilités sont de deux ordres indissociables :
> 1.1.1. – Les unes découlent de la nature même de l'établissement qu'il dirige. Il lui faut respecter les lois et règlements en vigueur et donner à l'établissement une valeur d'enseignement et d'éducation.
> 1.1.2. – Les autres découlent de la mission ecclésiale de l'Enseignement Catholique. Il doit tout mettre en œuvre pour que se développe au sein de l'établissement un projet conforme aux textes précités. Dans le respect de la liberté des consciences, il a la responsabilité d'assurer les meilleures conditions de l'animation spirituelle (éducation de la foi, enseignement religieux, formation à la vie chrétienne)[33].

Ici, « indissociables » n'empêche pas un rapport de juxtaposition, et donc de disjonction. En effet, il apparaît clairement que la mission ecclésiale de l'Enseignement Catholique n'est pas engagée dans la responsabilité

---

32. Voir *Statut du chef d'établissement du second degré* – Article 2.1.
33. *Statut du chef d'établissement du second degré* – Article 1.

d'enseignement et d'éducation. On échappe à la logique d'association. En forçant le trait, et pour le dire de manière provocante, la mission d'enseignement a pour fonction première de fournir du temps de cerveau disponible pour l'animation spirituelle (éducation de la foi, formation à la vie chrétienne…). L'ordre même d'énonciation des deux responsabilités est ici parlant et peut renvoyer à la pratique concrète comme à la vie des établissements. Si un établissement catholique est d'un côté un établissement scolaire et, d'un autre côté, une structure ecclésiale, alors il ne serait pas anodin de commencer par assurer la mission scolaire (en établissant un règlement, des emplois du temps, en assurant des cours…) puis, une fois cela posé, d'envisager une animation spirituelle. On le voit bien, ce que l'on considérerait alors comme appartenance à la mission ecclésiale serait nécessairement relégué au second rang, quand il reste du temps, de la place, de l'énergie, des élèves… Notons cependant que l'on ne serait pas moins en disjonction si l'on faisait l'inverse ! Ce qui est soigneusement évité dans ce cas de figure disjonctif, c'est d'envisager que la mission ecclésiale ou que la catholicité de l'établissement puissent être pleinement engagées au cœur de l'ensemble de la vie de l'établissement, notamment dans sa mission d'enseignement et d'éducation (mais aussi dans l'organisation du temps, de l'espace, des finances, de la discipline…)[34].

---

34. De manière surprenante, le *Statut du chef d'établissement du premier degré* de 2006 ne permet pas une telle interprétation disjonctive. Voir les articles qui composent le titre 1 :

On voit ainsi que, s'agissant de la mission du chef d'établissement, l'outil d'analyse que nous proposons permet de vérifier le diagnostic initial. Mais le principe d'interprétation entre conjonction et disjonction n'est pas opératoire uniquement pour la mission de l'École Catholique ou pour celle du chef d'établissement, il intervient également dans la conception de la communauté éducative.

LA COMMUNAUTÉ ÉDUCATIVE

C'est en effet avec la question de la communauté éducative que le principe de disjonction apparaît le plus clairement, dès lors notamment qu'il s'agit d'essayer de rendre compte de l'existence d'une communauté chrétienne au sein de la communauté éducative. Il suffit, pour le montrer, de comparer deux textes.

Le premier date de 1977 :

> Tous les membres de la communauté éducative – enseignants, parents, élèves, personnel non enseignant – se font un devoir de conscience de collaborer en toute responsabilité à la réalisation du projet éducatif commun, chacun selon son rôle et ses compétences. Vécue dans l'esprit évangélique, cette participation de tous les membres est, par sa nature même, un témoignage qui non seulement édifie le Christ dans la communauté, mais Lui donne un rayonnement qui devient signe pour tous[35].

« Les responsabilités du chef d'établissement du premier degré », qui, malgré le pluriel du titre, ne juxtapose jamais ce qui relèverait de deux ordres différents, civil et ecclésial.
35. Congrégation pour l'éducation catholique, *L'École Catholique*, § 61.

Dans ce passage, la Congrégation pour l'éducation catholique présente une communauté éducative clairement conçue selon un principe de conjonction. Cela apparaît tout d'abord dans la description unifiée qui en est faite. La communauté éducative est composée de l'ensemble des acteurs de l'établissement, des élèves aux membres du personnel, des parents aux enseignants. Tous les membres de la communauté éducative collaborent dans le cadre du projet éducatif commun. La cohérence entre cette description et la mission de l'École Catholique permet de comprendre la suite du texte : cette collaboration est une participation de tous « dans l'esprit évangélique ». La formulation est assez vague : qu'est-ce qu'un « esprit évangélique » ? L'Esprit saint lui-même ? Une référence plus ou moins directe à des valeurs morales générales prônées par l'Évangile ? Il nous faudra l'élucider. Ce caractère vague permet cependant que tout le monde puisse s'y retrouver. Mais la fin du passage requiert une interprétation très précise de cet « esprit évangélique », puisqu'il est bien dit que cette participation de tous « édifie le Christ dans la communauté » et ce, « par la nature même » de cette participation. Nous reviendrons sur les implications de cette définition de la communauté éducative et sur sa fonction sacramentelle (« Lui donne [au Christ] un rayonnement qui devient signe pour tous »), mais retenons tout d'abord l'indéniable conception conjonctive de cette communauté, par la mention, à plusieurs reprises, de la participation de « tous » et par l'emploi de l'expression « par sa nature même » que nous avons déjà repérée comme marqueur de la conjonction[36] :

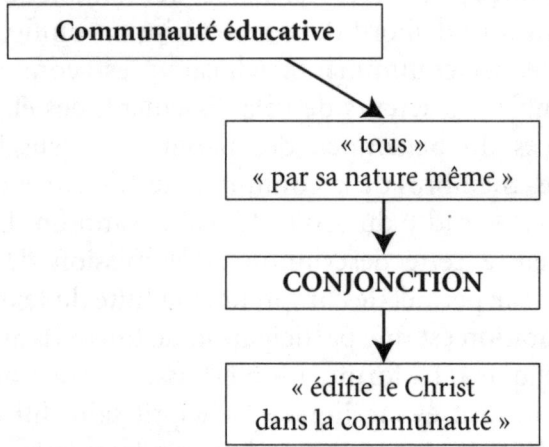

C'est une perspective différente qui semble être proposée dans un autre texte de la même congrégation, onze ans plus tard :

> Sous un certain aspect, l'École Catholique est une structure civile avec des buts, des méthodes, des caractéristiques semblables à n'importe quelle institution scolaire. Sous un autre aspect, elle se présente aussi comme une communauté chrétienne ayant pour base un projet éducatif enraciné dans le Christ et son Évangile[37].

---

36. On pourrait ajouter ce passage du même texte : « C'est à la communauté éducative tout entière qu'il revient d'assurer dans la pratique ce qui fait que l'École Catholique est un lieu d'éducation chrétienne » (§ 73), qui va dans le même sens.
37. Congrégation pour l'éducation catholique, *Dimension religieuse de l'éducation dans l'École Catholique* (1988), n° 67.

On retrouve ici le principe de disjonction dans la manière d'aborder les deux missions de l'École Catholique : être une école semblable « à n'importe quelle institution scolaire » et être aussi « une communauté chrétienne ayant pour base un projet éducatif enraciné dans le Christ et son Évangile ». Pourtant, tout indique que, dans les deux cas, le texte parle de la même communauté. Si ce passage ne rend pas compte de ce que cela change, par rapport « à n'importe quelle institution scolaire », d'avoir un projet enraciné dans le Christ, il n'opère pas de distinction au sein de la communauté éducative. On est toujours dans un principe de conjonction de la communauté. Cette conviction est renforcée par d'autres passages du même texte qui, d'une part, affirme que la dimension communautaire de l'école est une dimension théologique et non sociologique[38] et, d'autre part, qualifie la communauté scolaire tout entière de « sujet ecclésial authentique[39] ».

Or ce n'est pas dans ce sens que ce texte est utilisé lorsqu'il est cité par le *Statut de l'Enseignement Catholique* français, qui interprète la situation ainsi : « Animant du dedans la communauté éducative, la communauté chrétienne en est comme son fondement et la source de son dynamisme[40]. » Ici, ce sont bien deux communautés qui semblent jouir de deux statuts différents : la communauté éducative, qui rassemble tous les acteurs de la vie scolaire,

---

38. *Ibid.*, n° 31, avec référence à l'Église comme peuple de Dieu dans *Lumen gentium*.
39. *Ibid.*, n° 33.
40. *Statut de l'Enseignement Catholique* – Préambule n° 5.3.

et la communauté chrétienne, qui comporte – peut-être – les membres de la communauté éducative qui sont chrétiens, mais cela n'est pas précisé. Dès lors que sont disjoints ces deux titres d'appartenance au sein de la communauté éducative, le *Statut* peut sans difficulté confier à la communauté chrétienne une responsabilité d'animation vis-à-vis de la communauté éducative dans son ensemble. Mais le rapprochement avec le texte de la Congrégation pour l'éducation catholique, cité dans le *Statut*[41], laisse entendre qu'il existe dans l'École Catholique deux communautés : une communauté éducative semblable « à n'importe quelle institution scolaire[42] » et une communauté chrétienne, incluse dans la communauté éducative, « ayant pour base un projet éducatif enraciné dans le Christ et son Évangile[43] »...

Ici, la perspective globale est bien celle d'une disjonction au sein même de la communauté éducative :

---

41. Voir *Statut de l'Enseignement Catholique* – Préambule n° 1 et 5
42. Congrégation pour l'éducation catholique, *Dimension religieuse de l'éducation dans l'École Catholique* (1988), n° 67.
43. *Ibid.*

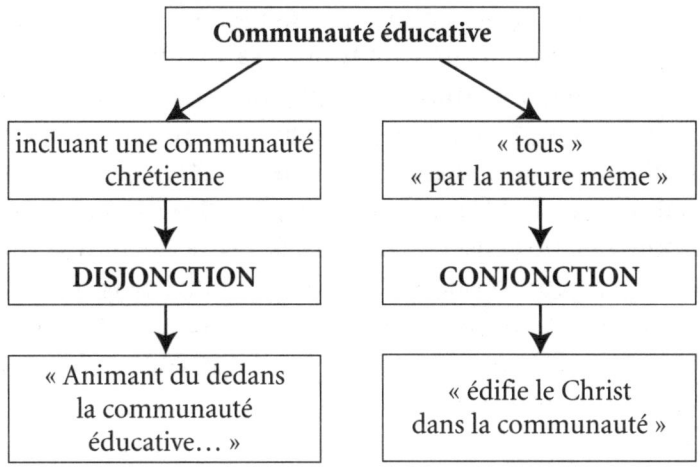

La tentation d'une conception disjonctive est très compréhensible : elle exonère de devoir comprendre comment l'ensemble des acteurs d'un établissement scolaire pourrait avoir à « édifie[r] le Christ » et à lui rendre témoignage. Le principe conjonctif semble même difficilement tenable dans la société actuelle car, spontanément, on ne voit pas comment demander à des personnes aux convictions et appartenances religieuses diverses d'accepter d'édifier le Christ dans une communauté scolaire et d'être pour le Christ un témoignage vivant. Pourtant, nous pouvons très sereinement être d'accord avec l'analyse de Mgr Dagens lorsqu'il dit que « l'Église est attendue parce que l'on sait, plus ou moins consciemment, qu'elle porte en elle des ressources spécifiques, spécialement dans ce domaine qui concerne l'éveil des libertés, la formation des consciences, la pratique d'une fraternité réelle[44] ». Or nous savons que seules une conception et une mise en œuvre de la mission de l'École Catholique selon un principe que nous avons qualifié de conjonction permettront à l'Église d'être, dans l'École Catholique, une force de proposition et d'initiative dans le domaine de l'enseignement et de l'éducation. Il semble que le plus gros obstacle soit celui de l'unité de la communauté éducative. C'est donc à cette réalité incontournable de l'école que nous consacrerons la deuxième étape de notre proposition.

---

44. Mgr Claude Dagens, « Pourquoi des catholiques s'engagent », art. cité, p. 13.

II

L'IMPOSSIBLE COMMUNAUTÉ ÉDUCATIVE – MODÉLISATION

Le diagnostic opéré dans la première partie et l'outil de discernement et d'analyse que nous y avons proposé désignent la communauté éducative comme obstacle principal pour penser de manière unifiée (principe de conjonction) l'établissement scolaire et sa mission. C'est la raison pour laquelle nous voudrions porter toute notre attention sur cette réalité centrale de la vie des établissements scolaires. Nous repartirons de l'affirmation selon laquelle, dans l'École Catholique, la communauté éducative est un sujet ecclésial, afin d'explorer quelles sont les difficultés que pose réellement cette affirmation. Dans un deuxième temps, nous proposerons un modèle à partir des moyens propres de l'Église, c'est-à-dire en prenant comme point de départ une communauté chrétienne. Enfin, nous commencerons à explorer ce modèle.

LA COMMUNAUTÉ ÉDUCATIVE COMME SUJET ECCLÉSIAL

Le point de départ de cette deuxième partie est l'affirmation selon laquelle la communauté éducative est un « sujet ecclésial authentique[1] ». Il s'agit bien de dépasser la difficulté liée au fait que, dans la communauté éducative, tous ne sont pas chrétiens, sans pour autant que cela limite la catholicité de l'établissement à quelques activités, soutenues par quelques croyants. Cette difficulté peut s'exprimer autrement : alors que tous sont membres de la communauté éducative, par leur participation à la vie scolaire, quelques-uns seulement seraient membres d'une communauté chrétienne au sein de l'école, sans que l'on sache d'ailleurs très bien selon quels critères on est reconnu membre de ce sous-ensemble.

Notre point de départ est la thèse selon laquelle il est possible de penser une communauté éducative qui soit sujet d'une mission ecclésiale authentique sans pour autant être une communauté composée exclusivement de baptisés. Il s'agit non seulement d'affirmer que la communauté éducative est un « sujet ecclésial authentique » dont l'action « édifie le Christ », mais aussi de comprendre comment il est possible de mettre en œuvre cette perspective dictée par la Congrégation pour l'éducation catholique : « La communauté éducative doit aspirer à se constituer en communauté chrétienne dans l'École Catholique, c'est-à-dire en véritable communauté

---

1. Congrégation pour l'éducation catholique, *Dimension religieuse de l'éducation dans l'École Catholique* (1988), n° 33.

de foi[2]. » Remarquons ici que les termes employés empêchent une interprétation disjonctive : il n'est pas question
pour la communauté éducative de constituer *une* communauté chrétienne, mais de se constituer *en* communauté
chrétienne ! Ce qui est intéressant, c'est la perspective
proposée, que l'on retrouve dans un autre passage du
même texte qui affirme que la communauté éducative est
appelée à être une communauté chrétienne « en même
temps[3] ». La question est alors : comment le deviendra-
t-elle sans pour autant être une communauté composée
uniquement de catholiques ?

Pour relever le défi de penser une telle communauté
éducative chrétienne, nous devons tout d'abord interroger notre difficulté à la penser et dresser l'inventaire des
obstacles que nous rencontrons.

L'IMPOSSIBLE REPRÉSENTATION

Ces obstacles sont liés aux représentations que nous
pouvons avoir de la communauté chrétienne et de la
mission, et qui nous empêchent de concevoir la mise en
œuvre de la mission ecclésiale par des non-chrétiens.
Surtout si la mission est présentée ainsi :

> Tous les membres de la communauté éducative – enseignants,
> parents, élèves, personnel non enseignant – se font un devoir de
> conscience de collaborer en toute responsabilité à la réalisation du

---

2. Congrégation pour l'éducation catholique, *Le laïc catholique, témoin de la foi dans l'école* (1982), n° 41.
3. *Ibid.*, n° 22.

projet éducatif commun, chacun selon son rôle et ses compé-
tences. Vécue dans l'esprit évangélique, cette participation de tous
les membres est, par sa nature même, un témoignage qui non
seulement édifie le Christ dans la communauté, mais Lui donne
un rayonnement qui devient signe pour tous[4].

Essayons de nous représenter une telle communauté
éducative en France en ce début de XXIe siècle. Cela
consiste à envisager que chaque élève vive sa vie scolaire
« dans l'esprit évangélique », même celui qui a été baptisé
sans que jamais, depuis, ce baptême n'ait eu aucune
influence dans sa vie. Cela revient à concevoir que chaque
enseignant, par son action d'enseignement, édifie le
Christ dans la communauté éducative, même s'il est
profondément musulman ou bouddhiste. Cela implique
de reconnaître que l'action des membres non enseignants
du personnel donne au Christ un rayonnement qui
devient signe pour tous, même de la part de ceux qui sont
juifs ou Témoins de Jéhovah. Cela nécessite d'admettre
que chaque parent, dès lors qu'il agit dans le cadre
scolaire, édifie lui aussi le Christ dans la communauté,
quels que soient sa foi, son indifférence au regard de la foi
ou son refus de celle-ci. Et s'il est difficile de concevoir
une telle communauté éducative chrétienne, combien
plus le sera-t-il pour les non-chrétiens eux-mêmes qui
n'ont peut-être pas le désir que l'on dise d'eux qu'ils
édifient le Christ ou qu'ils constituent un témoignage qui

---

4. Congrégation pour l'éducation catholique, *L'École Catholique* (1977), § 61.

donne au Christ « un rayonnement qui devient signe pour tous ».

De fait, il est beaucoup plus simple de concevoir que ce soit une communauté éducative uniquement composée de chrétiens qui puisse édifier le Christ. Ou, à la rigueur, que cette charge n'incombe qu'à une partie de la communauté éducative, celle qui est composée des chrétiens : la communauté chrétienne, celle-là même qui, ainsi, peut animer du dedans la communauté chrétienne tout entière. Schématiquement, ce qui semble le plus raisonnable, c'est de penser l'inclusion d'une communauté chrétienne qui rayonne au sein de la communauté éducative.

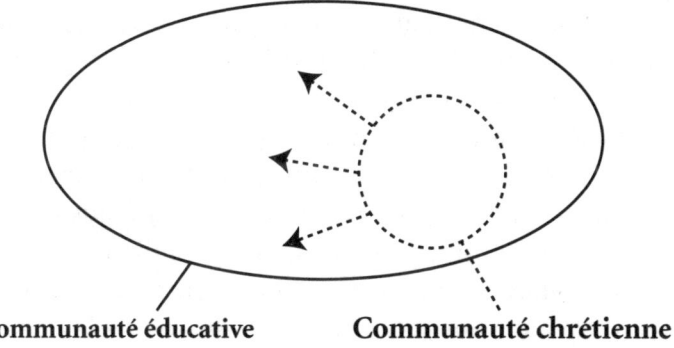

Communauté éducative   **Communauté chrétienne**

Cette représentation soulève plusieurs questions. La première est celle de la disjonction qu'elle implique et des conséquences que cela peut avoir pour la mission. En ce sens, elle constitue déjà une impasse. Cela est d'autant plus vrai qu'une telle conception de la communauté chrétienne au sein de la communauté éducative semble réduire le champ d'action des moyens évangéliques de l'École Catholique à la seule communauté chrétienne, ce qui les neutralise nécessairement. De plus, se pose assez rapidement la question de la survie d'une communauté chrétienne au sein de la communauté éducative. De la même manière que l'on a vu massivement disparaître les communautés de religieuses ou de religieux ainsi que les prêtres diocésains enseignants dans les établissements scolaires, le risque est réel de voir disparaître une telle communauté chrétienne, du moins une communauté chrétienne ayant une surface suffisante pour animer « du dedans » la communauté éducative tout entière. Cette question en fait naître une dernière : pour qu'une telle communauté chrétienne puisse assurer une telle animation qui permettra à l'école d'être considérée comme catholique, de combien de membres doit-elle être composée ? Existe-t-il un quota admissible par tous ? Selon cette perspective, la catholicité d'un établissement se résume-t-elle au pourcentage de catholiques en son sein ? Ou de catholiques pratiquants réguliers ?

On constate ici que, très rapidement, cette représentation de la communauté chrétienne au sein de la communauté éducative entraîne dans une logique absurde qui enchaîne les questions impossibles, au sens où elles ne peuvent recevoir aucune réponse sensée. Ce que le Christ a promis, c'est sa présence effective et agissante quand « deux ou trois » sont réunis en son nom (Mt 18,20). Nous ne pouvons pas avoir d'autre point de départ.

PERSPECTIVE THÉOLOGIQUE

« Là où deux ou trois se trouvent réunis en mon nom, je suis au milieu d'eux », dit Jésus (Mt 18,20). Si cette promesse constitue une clef, ce n'est pas à cause du nombre de fidèles qu'elle suggère pour que l'Église puisse être agissante. C'est par le rappel fondamental qu'elle adresse : l'Église n'existe que par la présence agissante du Christ en elle. C'est ce point précis qui permet de dépasser l'impossible représentation disjonctive de la communauté éducative. Comment ? En appelant les acteurs chrétiens de l'établissement à agir en disciples. En effet, la question ne doit pas être celle de la quantité de croyants nécessaires à la catholicité d'une école. Il s'agit bien plutôt de comprendre comment la qualité de disciple du Christ ouvre la voie à une considération unifiée de la communauté éducative[5].

Comprenons bien tout d'abord ce que signifie être disciple du Christ. Être disciple, c'est suivre son maître, se mettre à sa suite. Mais le Christ est plus qu'un maître et, en ce sens, le chrétien n'est pas un disciple comme les autres : il est uni au Christ. Le chrétien n'est pas celui qui écoute un enseignement en suivant un exemple histori-

---

5. Ce chapitre reprend l'un des éléments structurants de mon intervention au Congrès Ecclésia 2007, qui s'est tenu à Lourdes en octobre 2007. C'est à la suite de cette intervention devant 7 000 personnes que j'ai été contacté par la Fédération nationale des organismes de gestion de l'Enseignement Catholique à intervenir lors du son Congrès à Perpignan en 2008, laquelle a entraîné les nombreuses interventions devant les acteurs de l'Enseignement Catholique français qui sont à l'origine de cet ouvrage. Il est donc important de comprendre que c'est, de fait, ma porte d'entrée dans la question de la mission de l'École Catholique. On en trouvera une présentation plus développée dans mon ouvrage *Accueillir ceux qui frappent à la porte de l'Église – La grâce de la reconnaissance*, Paris, Le Sénevé/ISPC, coll. « Le point catéchèse », n° 1, 2009.

quement lointain, il est incorporé au Christ qui passe par lui pour agir dans le monde aujourd'hui, selon le principe paulinien : « ce n'est plus moi qui vis, c'est le Christ qui vit en moi » (Ga 2,20). Être disciple, c'est s'en remettre au Christ en reconnaissant qu'il est le premier acteur de la mission qu'il nous confie. C'est dans l'union au Christ que l'on est chrétien, dans le service de l'œuvre du Christ vivant qui nous requiert pour la mission.

Or cette union au Christ ne permet pas de dissocier l'humanité en deux groupes : ceux qui sont unis au Christ et ceux qui n'y sont pas. La présence du Christ est pour tous. Lorsque l'Église déclare qu'elle est « à la fois le signe et le moyen de l'union intime avec Dieu et de l'unité de tout le genre humain » (*LG* 1), elle ne se positionne ni en surplomb, ni à l'écart du reste de l'humanité, ni même comme intermédiaire entre Dieu et les hommes. La raison en est simple : l'Église ne prétend ni monopoliser ni diriger l'action de Dieu dans le monde.

C'est la raison pour laquelle il faut se méfier de certaines expressions courantes, comme celle qui distingue « eux », qui sont en dehors de l'Église, et « nous » qui sommes au-dedans. Cette distinction, entre « nous » qui serions déjà sauvés et n'aurions plus à nous convertir et « eux » qui sont appelés au salut, contrevient à la condition de disciple. Les membres non chrétiens de la communauté éducative ne sont pas des étrangers à la grâce répandue en surabondance dans le monde : dès la création du monde chaque homme est inclus dans le projet de communion de Dieu. Et par sa mort et sa résurrection, le Christ reconfigure l'humanité entière en vue du salut. C'est ici que se joue la communauté éducative conçue comme sujet unifié de la mission ecclésiale, dans la possibilité d'une considération ecclésiale et fraternelle de ceux qui ne sont pas chrétiens et qui acceptent d'apporter leur contribution indispensable à la mise en œuvre de la mission de l'École Catholique.

D'où vient alors la tentation persistante de dissocier communauté chrétienne et communauté éducative selon la distinction entre « eux » et « nous » ? Sans doute de l'époque qui est la nôtre : nous ne pouvons plus présupposer que ceux qui ne sont pas chrétiens aient pu baigner dans une culture chrétienne ou qu'ils soient de quelque manière que ce soit en connivence avec la vie chrétienne. Les non-chrétiens sont, en quelque sorte, devenus étrangers à la culture, à la foi et à la vie chrétiennes. Mais surtout, la tentation disjonctive est liée à la difficulté d'envisager un « nous » ecclésial qui ne soit pas exclusif. Pourtant, si le « nous » de l'Église est bien dépositaire d'une Bonne Nouvelle qui ne se révèle pas ailleurs dans ce monde et qui donne sa consistance propre à ce « nous », celui-ci n'est pas exclusif. Ce n'est pas un « nous seuls » mais un « nous » dans lequel « eux » que nous côtoyons sont déjà engagés. Nous avons alors à découvrir que c'est ensemble que nous sommes attendus par le Christ pour une mission commune.

On accède facilement à une telle perspective en relisant le récit de la Pentecôte, dans le deuxième chapitre des Actes des Apôtres. Il débute par l'intervention de l'Esprit qui se manifeste sous le double aspect d'un « bruit qui venait du ciel, semblable à un violent coup de vent » (Ac 2,2) et de « langues qu'on eut dites de feu » descendant sur les apôtres (Ac 2,3). À cette imprécision du récit pour relater le phénomène de l'effusion de l'Esprit, répond la précision fine du fruit de ce don de l'Esprit surgissant dans le monde. Tout d'abord, Luc fait remarquer que, surpris, « chacun d'eux les entendait parler son propre dialecte » (v. 6). Puis, stupéfaits, ils se demandent : « Comment se fait-il que chacun de nous les entende dans son propre dialecte ? » (v. 7). Enfin, ils remarquent que, dans leur diversité géographique et culturelle, « tous, tant Juifs que prosélytes, Crétois et Arabes, nous les entendons annoncer dans nos langues les merveilles de Dieu » (v. 11). L'action de l'Esprit se joue dans la gradation qui va de « chacun d'eux » à « chacun de nous » puis à « nous ». Lorsque sont entendues les merveilles de Dieu, alors surgit un « nous » qui est le fruit de l'initiative de Dieu qui rassemble. Or, dans le récit de Pentecôte, ce « nous » précède le baptême de ceux qui entendent l'annonce de la résurrection de Jésus et y croient (Ac 2,41).

Ce qui précède ne nie pas qu'être pleinement associé au mystère pascal et introduit à la vie de l'Esprit par le baptême inaugure une vie pleinement et radicalement nouvelle. Il s'agit simplement de comprendre que l'action de l'Esprit déborde d'hypothétiques frontières de l'Église qu'Il ne cesse de précéder dans sa mission. Ainsi, la mise en œuvre de cette mission ne saurait jamais consister pour l'Église en un repli sur elle-même.

Plus encore, nous devons comprendre que si le « nous » est un fruit du don de l'Esprit saint, alors il n'y a de communauté que par l'œuvre de l'Esprit. En ce sens, il est légitime de concevoir l'unité de la communauté éducative comme communauté chrétienne. C'est ainsi qu'il faut comprendre l'affirmation de la Congrégation pour l'éducation catholique : « la communauté scolaire dans son ensemble – avec diversité de rôles, mais convergence de fins – revêt les caractéristiques de la communauté chrétienne en étant un lieu imprégné de charité[6] ».

ÉTABLISSEMENT D'UN MODÈLE HEURISTIQUE

Pour en comprendre la possibilité, nous devons prendre comme modèle une communauté chrétienne et vérifier comment la communauté éducative de l'École Catholique trouve dans ce modèle un moyen d'unifier son action. Nous qualifions ce modèle d'heuristique car il doit permettre de trouver la communauté éducative unifiée capable d'assurer la mission qui est la sienne sans devoir pour autant ni dissocier sa mission, ni se scinder elle-même.

L'établissement de ce modèle nécessite une recherche fondamentale pour comprendre ce qu'est une communauté chrétienne. Or cette recherche ne peut être que longue car il n'existe pas de communauté chrétienne donnée *a priori*. Toute communauté chrétienne, en effet,

---

6. Congrégation pour l'éducation catholique, *Dimension religieuse de l'éducation dans l'École Catholique* (1988), § 32.

---

n'existe que dans la mise en œuvre de la mission et c'est cette mission elle-même qui l'institue et la manifeste[7]. Ainsi, c'est seulement lorsqu'elle mettra en œuvre une mission unifiée que la communauté éducative pourra se présenter elle-même selon un principe de conjonction. Pour éviter l'impasse, il faut continuer de mettre en œuvre la clé de résolution qui nous a amené à ce point de notre raisonnement : la présence du Christ. Si le Christ est présent et agissant dans son Église, alors c'est son initiative qui enclenche les processus instituants qui établissent la communauté chrétienne comme sujet d'initiative et d'action. Ainsi, pour établir un modèle heuristique, nous pouvons nous laisser guider par les affirmations du magistère ecclésial qui indiquent que cette présence agissante du Christ dans son Église est tout particulièrement manifestée dans les actions liturgiques : « Pour l'accomplissement d'une si grande œuvre, le Christ est toujours là auprès de son Église, surtout dans les actions liturgiques » (*Sacrosanctum Concilium* [*SC*] 7). Nous cherchons donc à établir notre modèle à partir de l'action liturgique de l'Église et, plus particulièrement, de son action eucharistique, en tant que la célébration de l'Eucharistie est la source et le sommet de toute la vie chrétienne (*LG* 11). L'intérêt majeur de cette démarche est que la célébration eucharistique constitue, de fait,

---

7. Je me permets de renvoyer à mon article « La communauté chrétienne, sujet de l'action caté-chétique », dans *Lumen vitae* LXII (2007/2), 151-162. Il commence par l'énoncé de ce paradoxe : « [La] mission non seulement exige une communauté qui se comprend comme sujet d'action mais également institue la communauté chrétienne comme sujet de cette action. »

l'événement à la fois le plus unifiant et le plus discriminant pour une communauté éducative : elle opère une communion parfaite mais tient à l'écart ceux qui n'ont pas célébré les sacrements de l'initiation.

UN MODÈLE EUCHARISTIQUE

Nous nous demandons alors comment l'action du Christ institue une communauté comme sujet d'action liturgique et comment l'action de cette communauté manifeste ce qu'elle est. La liturgie elle-même indique que cela se joue dans les dialogues liturgiques entre la communauté rassemblée et celui qui préside la célébration[8]. C'est dans ces dialogues liturgiques que s'institue le nous ecclésial. Le dialogue introductif à la préface de la prière eucharistique est de ce point de vue très éclairant. Dans ce dialogue, les deux acteurs sont posés comme sujets de l'action liturgique en relation directe avec le Seigneur, désigné comme acteur principal à deux reprises : dans la communauté (« Le Seigneur soit avec vous ») comme dans le ministre qui préside à sa célébration (« Et avec votre Esprit[9] »). C'est de ce premier échange que naît le « nous » de la communauté, comme au jour

---

8. « Puisque, par sa nature, la célébration de la messe a un caractère communautaire, les dialogues entre le célébrant et l'assemblée des fidèles, ainsi que les acclamations, possèdent une grande valeur : en effet, ce ne sont pas là seulement des signes extérieurs de la célébration commune, mais des éléments qui favorisent et réalisent la communion entre le prêtre et le peuple » (*Présentation générale du Missel romain*, n° 14).

9. Sur le « *et cum spiritu tuo* » qui désigne le charisme de présidence reçu à l'ordination, voir Y. Congar, « *L'Ecclesia* ou communauté chrétienne, sujet intégral de l'action liturgique », *in* J.-P. Jossua et Y. Congar (dir.), *La liturgie après Vatican II – Bilans, études, prospectives*, Paris, Cerf, coll. « Unam Sanctam », n° 66, 1967, p. 277 *sq*.

de la Pentecôte[10], « Élevons notre cœur », un nous que la communauté s'approprie : « Nous le tournons vers le Seigneur. » Mais un « nous » qui n'a pas sa finalité en lui-même : il n'existe que pour l'action de grâces adressée au Père, « Vraiment il est juste et bon de te rendre grâces… ». C'est ainsi que l'on voit comment le Christ s'associe l'Église pour une action dont il est l'acteur principal[11] et qui institue la communauté comme sujet de cette même action.

À partir de ce rapide rappel[12], on peut établir le schéma suivant de la communauté chrétienne :

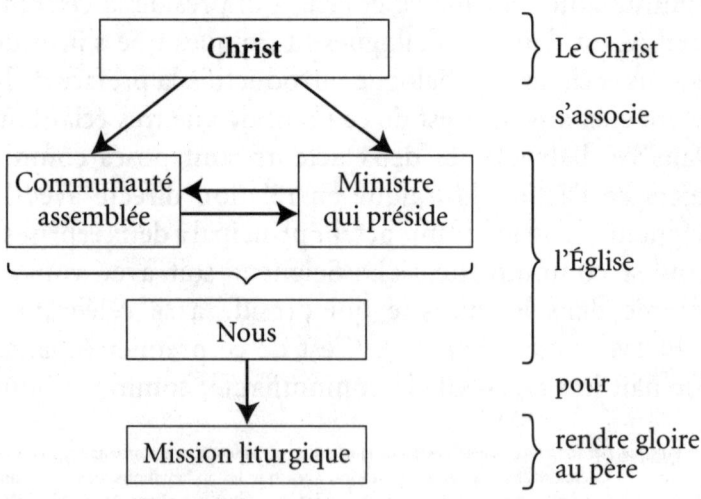

_____

10. Voir *supra*, p. 72.
11. Ce que rappelle avec dynamisme la doxologie qui clôt la prière eucharistique : « Par Lui, avec Lui et en Lui… »
12. On trouvera une présentation plus développée de cette démonstration et du schéma auquel elle aboutit dans *Accueillir ceux qui frappent à la porte de l'Église…*, *op. cit.*, p. 94-99.

_____

Cette perspective eucharistique permet de définir trois déterminants théologiques de la communauté chrétienne qui s'exprime dans le « nous » ecclésial au cœur de l'action liturgique. Tout d'abord, la communauté chrétienne n'existe qu'unie au Christ. Elle est dépendante de l'action du Christ qui s'associe l'Église pour la mise en œuvre de sa mission. De plus, la communauté ecclésiale naît du consentement à l'œuvre de l'Esprit qui, dans le schéma précédent, est représentée par l'ensemble des flèches qui le structurent. Enfin, le « nous » ecclésial ne peut être engagé que dans un dialogue dont un ministre ordonné a l'initiative au nom de l'initiative du Christ pour son Église.

Pour être complet, il convient de remarquer la pertinence de ce modèle pour l'ensemble de la mission de l'Église. De la même manière que pour l'action de grâces, le Christ s'associe l'Église pour annoncer son Évangile ou pour servir les hommes, notamment les plus pauvres. Dans tous les cas, cette action du Christ dans l'Église a le même effet : elle est une action « pour la Gloire de Dieu et le salut du monde », comme le dit la liturgie. Cette perspective est de la plus haute importance car elle indique que l'Église n'existe pas pour le salut de ses membres mais qu'elle est rassemblée par Dieu pour sa gloire et pour le salut du monde. Il ne s'agit d'ailleurs pas de deux projets distincts mais bien de « rendre gloire au Père devant les hommes » (*SC* 9) pour leur manifester cette gloire et les inviter à la reconnaître pour en vivre. Ce n'est pas pour nous que nous prions lorsque nous nous rassemblons pour célébrer l'Eucharistie, c'est pour le salut des hommes pour lesquels le Christ s'est livré sur la Croix : l'Église est comme le sacrement du salut.

Que l'Église existe « pour la gloire de Dieu et le salut du monde » vérifie ainsi la consistance théologique de ceux qui ne reconnaissent pas la vérité de Dieu. Elle manifeste l'Église comme sacrement du salut, c'est-à-dire comme lieu privilégié du dialogue entre Dieu et les hommes et non pas comme un écran entre eux. Bien au contraire, elle est le « sacrement visible de [l'] unité salutaire » (*LG* 9) entre Dieu et les hommes en Christ, c'est-à-dire « à la fois le signe et le moyen de l'union intime avec Dieu et de l'unité de tout le genre humain » (*LG* 1). L'Église doit ainsi toujours être référée au Christ : l'Église est dans le Christ, mais elle n'est pas le Christ, car elle est sans cesse débordée par Lui, se recevant de Lui. L'altérité est ici manifestation d'un outrepassement et d'un excès de la grâce, pas d'une exclusion.

Ce modèle étant posé, il nous faut le reprendre pour envisager ce qu'il révèle de cette communauté chrétienne spécifique qu'est la communauté éducative de l'École Catholique.

UN MODÈLE ADAPTÉ À L'ÉCOLE CATHOLIQUE

Il ne s'agit bien évidemment pas d'affirmer, sans précaution, que la communauté éducative doit être une communauté eucharistique. Cela reviendrait à en exclure tous ceux qui ne vivent pas habituellement des sacrements de l'initiation chrétienne, notamment ceux qui ne sont pas baptisés. Cela n'est clairement pas notre projet ni le cœur de notre proposition. Il s'agit plus simplement de prendre acte du fait que le schéma proposé manifeste la communauté chrétienne comme sujet de l'activité missionnaire. Or, si l'École Catholique a pour objet la mise en œuvre de la mission de l'Église, alors elle doit être pourvue des mêmes caractéristiques. Cela pourrait aboutir au résultat suivant :

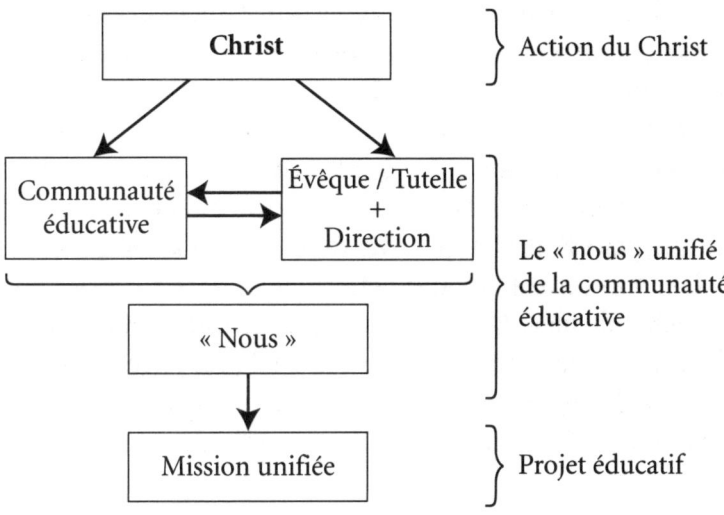

Reprenons l'ensemble des composants de ce schéma. On y affirme tout d'abord la primauté de l'initiative du Christ. De fait, jamais l'École ne pourra être catholique sans cette détermination première.

À un deuxième niveau, on distingue la communauté éducative dans son ensemble et ceux qui, en son sein, dans le cadre de la direction de l'établissement, reçoivent de l'Église par l'intermédiaire de l'évêque la responsabilité de l'établissement. La mention de l'évêque rappelle le rôle unifiant de la lettre de mission qui, en confiant une responsabilité pastorale, permet l'exercice de la charge de direction globale de l'établissement. Conformément à notre projet, la communauté éducative est présentée dans son unité et n'opère aucune distinction au sein de ses membres en fonction de critères notamment canoniques. Pour être une communauté, elle doit pouvoir s'exprimer dans un « nous ».

Enfin, au troisième niveau, se trouve la possibilité d'une mission unifiée dans une double fidélité au mandant reçue de l'Église et au service d'éducation et d'enseignement confié par l'État dans le cadre du contrat d'association.

Une fois cette adaptation effectuée, il reste à vérifier que ce schéma peut bien correspondre à une communauté éducative concrète : le but de ces quelques pages n'est pas de rêver l'Enseignement Catholique. Pour cela, nous allons maintenant explorer le modèle que nous proposons.

EXPLORATION DU MODÈLE

Cette exploration se fera en deux étapes. Nous prendrons tout d'abord le temps de faire le point sur les questions soulevées par le modèle proposé et, dans un second temps, nous envisagerons sous quel angle il est possible de trouver une voie qui permette d'honorer à la fois les questions soulevées et une conception conjonctive de l'École Catholique.

LA QUESTION DE L'AUTRE

Le modèle proposé met clairement en relief la question majeure qui est celle de l'unité de la communauté éducative conçue comme sujet ecclésial : comment concevoir sereinement et honnêtement que la participation des membres de la communauté éducative à la mission commune « édifie le Christ dans la communauté », sans pour autant exiger de chacun de ces membres qu'il vive pleinement de la foi au Christ ressuscité dans la communion ecclésiale ? Ce qui pose question dans le modèle, c'est principalement le lien qu'entretient la communauté éducative avec le Christ. On retrouve alors la tentation de distinguer, dans la communauté éducative, ceux qui sont chrétiens et qui assurent la mission ecclésiale de ceux qui ne sont pas chrétiens, les autres. A-t-on les moyens de penser cette relation du Christ à ceux qui ne sont pas chrétiens et, partant, la capacité de non-baptisés à participer à la vie d'une communauté éducative conçue comme sujet ecclésial ? La réponse doit être clairement positive.

Elle rejoint la question de la reconnaissance à laquelle le chrétien est appelé envers ceux qui n'ont pas reçu l'Évangile ou ceux dont la foi semble comme morte[13]. Pour cette

---

13. Voir *Accueillir ceux qui frappent…*, *op. cit.*, p. 77-83.

question, la clef est toujours celle de la présence du Christ dans l'Église et dans le monde et le caractère incontournable de l'initiative de Dieu qui situe l'Église au service de cette action divine première. Il convient alors de rappeler que « ceux qui n'ont pas encore reçu l'Évangile, sous des formes diverses, eux aussi sont ordonnés au peuple de Dieu[14] ». Comment le magistère le plus autorisé de l'Église peut-il être aussi affirmatif ?

Il le peut en raison d'une part d'un principe de création, d'autre part d'un principe de rédemption, qui sont énoncés dans cette proposition : « Des autres, qui cherchent encore dans les ombres et sous des images un Dieu qu'ils ignorent, Dieu n'est pas loin, puisque c'est lui qui donne à tous vie, souffle et toutes choses (voir Ac 17,25-28), et puisqu'il veut, comme Sauveur, que tous les hommes soient sauvés (voir 1 Tm 2,4)[15]. »

Le principe de création est énoncé ainsi : le Dieu créateur « donne à tous vie, souffle et toutes choses ». Cette image renvoie à la Genèse et au récit de la création de l'homme par Dieu : « Le Seigneur Dieu modela l'homme avec la glaise du sol. Il insuffla dans ses narines le souffle de vie, et l'homme devint un être vivant » (Gn 2,7). Il s'agit d'une affirmation centrale pour la foi et l'anthropologie chrétiennes : l'homme, tout homme, est créé par Dieu, à son image et à sa ressemblance (voir Gn 1,26). Il en résulte que « Nous ne pouvons invoquer Dieu, Père de

---

14. *LG* 16.
15. *LG* 16.

tous les hommes, si nous refusons de nous conduire fraternellement envers certains des hommes créés à l'image de Dieu » (*Nostra aetate* [*NA*] 5). Il s'agit bien alors de reconnaître la commune origine de tous en Dieu et leur commune destinée dans le dessein du Père[16].

On rejoint ici le principe de rédemption qui rappelle la volonté de Dieu que tous les hommes soient sauvés. La foi chrétienne enseigne que c'est avec toute l'humanité que le Christ Sauveur s'unit dans son incarnation et c'est toute l'humanité qu'Il relève par sa résurrection. En assumant toute l'humanité, excepté le péché, le Christ renouvelle l'humanité entière par sa mission et par le don de sa vie sur la Croix. Et cela importe pour la considération due à tous, dans le monde comme dans une communauté ecclésiale telle que l'est un établissement catholique d'enseignement : « Et cela ne vaut pas seulement pour ceux qui croient au Christ, mais bien pour tous les hommes de bonne volonté, dans le cœur desquels, invisiblement, agit la grâce. En effet, puisque le Christ est mort pour tous et que la vocation dernière de l'homme est réellement unique, à savoir divine, nous devons tenir que l'Esprit saint offre à tous, d'une façon que Dieu connaît, la possibilité d'être associé au mystère pascal » (*GS* 22).

L'affirmation magistérielle selon laquelle l'Esprit saint – qui anime chaque homme créé à l'image de Dieu – offre à tous la possibilité d'être associés à la mort et à la résur-

---

16. Voir *NA* 1 et *LG* 2 : « Le Père éternel par la disposition absolument libre et mystérieuse de sa sagesse et de sa bonté a créé l'univers ; il a décidé d'élever les hommes à la participation de sa vie divine. »

rection du Christ distingue clairement ceux qui ont accepté d'être plongés dans les eaux du baptême, mais ne disqualifie pas les autres hommes. Elle permet de concevoir un travail commun de baptisés et de non-baptisés dans le cadre d'une mission ecclésiale commune au service des hommes et du Royaume, au nom du travail de l'Esprit saint en tous. Comme le rappelle Mgr Rey : « L'exigence du dialogue présuppose qu'il y a, selon Vatican II, des "semences du Verbe" dans les cultures et les religions du monde. Elle présuppose en même temps la présence et l'activité de l'Esprit saint, non seulement dans des individus, mais aussi dans l'histoire et dans les peuples, les sociétés, les cultures et les religions du monde entier[17]. »

Mais ce que nous avons appelé la question de l'autre ne peut pas se résoudre de manière uniquement théorique. Il ne suffit pas de clarifier la possibilité doctrinale d'une coopération entre baptisés et non-baptisés dans une œuvre ecclésiale commune. Il ne suffit pas de reconnaître la possibilité ecclésiologique qu'une communauté éducative composée de membres aux convictions et engagements religieux divers puisse constituer un sujet ecclésial authentique. Car le double principe de conjonction ou de disjonction que nous avons proposé dans la première partie ne dépend pas tant d'une théorie que de la vie pratique des établissements.

---

17. Mgr Dominique Rey, *Urgence éducative…*, *op. cit.*, p. 32.

En ce sens, il convient, pour clore cette deuxième partie, de se tourner vers les principes les plus unifiants du schéma heuristique que nous proposons : l'action du Christ et la mission commune. Afin d'entrer progressivement vers des considérations plus pratiques qui touchent à la vie des établissements, c'est au projet éducatif que nous allons maintenant porter notre attention.

LE PROJET ÉDUCATIF COMME PRINCIPE D'UNIFICATION

L'option de se tourner maintenant vers le projet éducatif ne saurait constituer un déni de l'action du Christ. Celle-ci reste première, centrale et essentielle, non seulement dans la vie de l'École Catholique, mais également dans la réflexion sur celle-ci. Il s'agit plus simplement de proposer un terrain sur lequel chacun des acteurs d'un établissement scolaire pourra se retrouver et s'exprimer. Si, en effet, on veut parvenir à une participation de tous à la vie et à la mission de l'établissement, il convient que chacun se sente concerné par le point de départ du renouvellement que cela comporte. Le projet éducatif peut être ce point de départ en ceci qu'il s'impose à tous, mais surtout qu'il est élaboré par la participation de tous : « La communauté éducative élabore le projet éducatif sous la responsabilité du chef d'établissement[18]. »

Plus encore, le projet éducatif se présente comme la clé de voûte de l'Enseignement Catholique français. C'est ainsi que le préambule du *Statut de l'Enseignement Catho-*

---

18. *Statut de l'Enseignement Catholique* – Préambule n° 4.

lique est clairement structuré par cette notion de projet éducatif. En effet, en plaçant comme ci-dessous les sept paragraphes qui constituent le préambule, on constate qu'ils se répondent deux par deux autour du pivot que forme le paragraphe 4, consacré au projet éducatif :

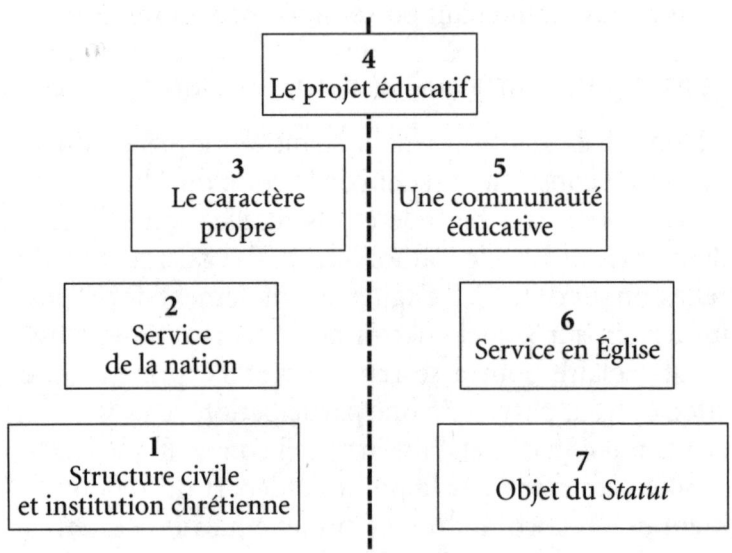

Présenter ainsi le préambule du *Statut de l'Enseignement Catholique* permet de montrer très clairement que c'est dans la conception que l'on a du projet éducatif et de sa mise en œuvre que se joue la capacité de conjoindre un service public d'éducation et le service en Église. Clé de voûte ou pivot, c'est ce qui apparaît dans la présentation que le *Statut* fait du projet éducatif : « Il doit harmoniser

la fidélité à l'Évangile annoncé par l'Église, les orientations pastorales diocésaines qui en découlent, la rigueur
de la recherche intellectuelle et de la fonction critique, la
progression et l'adaptation de la proposition éducative en
fonction des personnes et des familles, la coresponsabilité
ecclésiale[19]. » Mais il le fait dans un double enracinement
et une double fidélité, à l'Évangile et à la communauté
éducative elle-même : « Dans chaque établissement
catholique d'enseignement, le projet éducatif se réfère
explicitement à l'Évangile et à l'enseignement de l'Église
catholique. Il traduit les valeurs qui fondent les choix
et l'action de la communauté éducative. Il prend en
compte toutes les dimensions de la vie d'un établissement. Tous les membres de la communauté éducative
participent à son élaboration, à sa mise en œuvre et à son
actualisation[20]. »

Cette participation à l'élaboration, à la mise en œuvre et
à l'actualisation du projet éducatif appelle deux
remarques. La première touche à l'unité et à la vitalité de
la communauté éducative qui est ici reconnue comme
sujet d'initiative et d'action. Mais elle l'est dans une
tension avec la référence évangélique. En effet, dire que le
projet éducatif « traduit les valeurs qui fondent les choix
et l'action de la communauté éducative », comme le fait
l'article 4 du *Statut de l'Enseignement Catholique*, ne doit
pas conduire à nier la référence « à l'Évangile et à l'ensei-

---

19. *Ibid.*
20. *Statut de l'Enseignement Catholique* – Article 4.

gnement de l'Église catholique ». Le *Statut* oblige ici la communauté éducative à fonder ses choix en référence à l'Évangile et à la tradition magistérielle[21]. Cela a pour effet de déplacer la question vers son centre : il ne s'agit pas tant de savoir qui peut être acteur de la mission d'évangélisation de l'Enseignement Catholique, mais de clarifier ce en quoi consiste cette mission d'évangélisation. Cette perspective est d'importance puisque, et c'est la seconde remarque, le projet éducatif a pour mission d'irriguer l'ensemble de ce qui constitue la vie d'un établissement :

> Le projet éducatif se traduit particulièrement dans :
> – un projet d'établissement qui fixe dans le concret les objectifs à atteindre, compte tenu du projet éducatif et des obligations législatives, réglementaires ou contractuelles ;
> – des projets pédagogiques qui précisent les méthodes pédagogiques significatives des choix préalablement opérés ; ils sont élaborés par les équipes d'enseignants et d'éducateurs ;
> – les moyens requis pour présenter la foi catholique et animer la communauté chrétienne[22].

L'existence d'une tension féconde entre « les valeurs qui fondent les choix et l'action de la communauté éducative » et la référence explicite « à l'Évangile et à l'enseignement de l'Église catholique », selon les termes de l'article 4 du *Statut*, est tout à fait souhaitable si l'on veut éviter la disjonction entre l'ensemble des champs énoncés dans

---

21. C'est la raison pour laquelle « l'école doit pouvoir compter sur l'unité d'intention et de conviction des membres de la communauté scolaire » (Congrégation pour l'éducation catholique, *L'École Catholique* [1977], § 59).
22. *Statut de l'Enseignement Catholique* – Article 5.

l'article 5 : projet d'établissement, projets pédagogiques et « moyens requis pour présenter la foi catholique et animer la communauté chrétienne ».

Notre hypothèse est que le seul moyen de parvenir à une unification du projet éducatif, qui garantisse ainsi l'unité de la communauté éducative comme sujet ecclésial, est de prendre appui sur les moyens qui permettent d'animer la communauté chrétienne. En effet, conformément au diagnostic proposé dans la première partie, ces moyens ne peuvent être envisagés ni au terme d'un processus d'élaboration du projet commun, ni de manière indépendante.

Deux questions s'ouvrent alors : celle du rapport entre valeurs communes et référence évangélique et celle des moyens évangéliques disponibles pour l'animation d'une communauté éducative hétéroclite mais reconnue comme sujet ecclésial. Elles font l'objet de notre troisième partie.

III

ÉVANGÉLISER LES PRATIQUES – PROPOSITION

Nous sommes, dans cette troisième et dernière partie, à la recherche des moyens qui permettront de penser de manière unifiée la mission de l'Enseignement Catholique, de ses établissements et des communautés éducatives qui les constituent. Cette recherche d'unification part de ce que nous avons appelé le paradoxe du caractère propre ; il est de plus en plus revendiqué sans jamais être défini. Nous avons déjà pu vérifier l'hypothèse selon laquelle la notion juridique de caractère propre dissociait par elle-même mission de service public d'éducation et mission ecclésiale mais sans prévoir les conditions de leur articulation. Ainsi, la notion de caractère propre introduit une disjonction qui correspond à une discontinuité dans la mission et la vie des établissements catholiques d'enseignement. Un tel hiatus se retrouve dans la conception que l'on peut avoir de la charge du chef d'établissement et dans la vie de la communauté éducative au sein de chaque établissement.

Penser de manière unifiée la mission de l'École Catholique passe par ce principe unifiant qu'est le projet éducatif. Nous avons déjà noté qu'il nous fallait penser, au cœur du projet éducatif, le rapport entre « les valeurs qui fondent les choix et l'action de la communauté éducative » et la référence explicite « à l'Évangile et à l'enseignement de l'Église catholique », selon les termes de l'article 4 du *Statut*. Il nous faut également dépasser l'énoncé de grands principes pour parvenir à la mise en œuvre de pratiques unifiantes concrètes. Car si, pour l'École Catholique, être un lieu d'évangélisation ne signifie pas mettre en place des activités complémentaires, cela requiert tout de même des pratiques concrètes à mettre en œuvre. Il ne nous reste alors qu'à montrer que ce sont ces pratiques d'évangélisation qui permettent une considération unifiée (conjonction) de l'École Catholique et de sa mission. Pour cela, notre point de départ est l'articulation entre valeurs et Évangile, qui ouvre pour notre question des pistes décisives.

DES VALEURS HUMANISTES À L'EXIGENCE ÉVANGÉLIQUE

Dans la présentation que le *Statut* fait du projet éducatif, on constate qu'il doit conjoindre cinq éléments constitutifs de la vie d'un établissement : « Il doit harmoniser la fidélité à l'Évangile annoncé par l'Église, les orientations pastorales diocésaines qui en découlent, la rigueur de la recherche intellectuelle et de la fonction critique, la progression et l'adaptation de la proposition éducative en fonction des personnes et des familles, la coresponsabilité ecclésiale[1]. » Au cœur de cette énumération, on trouve la formation intellectuelle et la proposition éducative. Mais elles sont comme enchâssées par la fidélité à l'Évangile et la coresponsabilité ecclésiale. Retenons ce principe d'enchâssement comme répondant à la nécessité de la conjonction. C'est alors que dans la tension entre valeurs partagées au sein de la communauté éducative et fidélité à l'Évangile du Christ, telle qu'elle apparaît dans l'article 4 du *Statut*, l'Évangile doit être considéré comme norme première.

L'IMPOSSIBLE LAÏCISATION DES VALEURS CHRÉTIENNES

Essayons de le comprendre à partir du dialogue que le théologien Henri-Jérôme Gagey entretient avec le philosophe Luc Ferry[2]. Le projet de ce dernier est de présenter un humanisme capable de « donner un avenir aux valeurs chrétiennes essentielles[3] », mais en dehors du christianisme lui-même. La perspective est séduisante car elle semble tirer le meilleur du christianisme sans devoir assumer la lourdeur de son appareil dogmatique, institutionnel et autoritaire, pour en faire une sagesse porteuse de valeurs accessibles et profitables à nos contemporains.

---

1. *Statut de l'Enseignement Catholique* – Préambule n° 4.
2. Voir H.-J. Gagey, *La vérité s'accomplit*, Paris, Bayard, coll. « Theologia », 2009. Voir notamment le chap. VIII : « Un cas d'humanisme post-chrétien », p. 167-190.
3. *Ibid.*, p. 168.

Pour Gagey, cette proposition est comparable à une
« laïcisation des valeurs traditionnelles du christianisme[4] » selon laquelle « le sacré ne s'enracine plus dans
une tradition dont la légitimité serait liée à une Révé-
lation antérieure à la conscience : il faut désormais le
situer au cœur de l'humain lui-même[5] ». Selon Ferry,
cette opération n'empêche pas une réelle transcendance
des valeurs fondamentales qui régissent la vie collective
des hommes : la liberté, l'engagement, le respect... On
retrouve là ce qui pourrait être des valeurs facilement
partagées au sein d'une communauté éducative, d'autant
plus facilement d'ailleurs qu'elles permettent un accord
commun dans une diversité d'engagement religieux. De
fait, faut-il être chrétien pour être respectueux, attentif à
l'autre, généreux dans ses engagements... ? Et tout cela
ne suffit-il pas ? Alors, pourquoi les textes normatifs de
l'Enseignement Catholique demandent-ils, en plus, une
fidélité étroite à l'Évangile, si les fruits mêmes de l'Évangile pourraient sembler suffire ?

La réponse de Gagey à Ferry est pour nous éclairante.
Pour Gagey, la proposition de Ferry s'apparente à une
« captation d'héritage[6] » car une culture formée par le
christianisme, qui reconnaît l'origine chrétienne de la
conception de l'homme et de ses valeurs, n'est pas pour
autant une expression de la foi chrétienne elle-même.
Le postulat selon lequel il serait possible de vivre des

---

4. *Ibid.*, p. 173.
5. *Ibid.*, p. 174.
6. *Ibid.*, p. 185.

---

valeurs nées du christianisme mais libérées de la tradition chrétienne et de l'institution ecclésiale doit être critiqué : peut-on récupérer les valeurs du christianisme en se déchargeant du christianisme lui-même ? Selon Gagey : « Sans doute les "valeurs" essentielles du christianisme ont-elles été héritées et font partie de l'air que nous respirons. Mais elles sont en train d'être "reconfigurées" dans une "formation spirituelle autonome" qui se tient à distance et dans une certaine contrariété vis-à-vis de la forme de vie et de l'élan spirituel qu'elles trouvaient dans leur accomplissement en Jésus Christ[7]. »

Pour Gagey, réduire l'Évangile à un humanisme moral, c'est accepter le déclin du christianisme et prôner l'exact contraire de l'évangélisation : sans tradition et sans Église, les valeurs de l'humanisme laïc sont coupées de leur source. Comme le dit Gagey : « Qu'autrui soit mon frère ou ma sœur plutôt qu'une proie à saisir ou un rival à dominer, cela doit m'être "annoncé" ou encore "enjoint". C'est d'ailleurs pour cette raison que l'amour […] est un commandement[8]. » Les valeurs dont parle l'humanisme laïc sont alors en fait des vertus qui seraient tombées dans la sphère publique et qui seraient comme dévitalisées parce que dé-évangélisées. Une fois encore, il s'agit bien ici de considérer l'Évangile conjointement comme un message et comme la pratique d'une vie selon ce message. Mais pour cela il faut tout d'abord reconnaître la néces-

---

7. *Ibid.*, p. 189.
8. *Ibid.*, p. 234.

sité d'une tradition qui rappelle l'exigence évangélique de l'amour et d'une communauté porteuse de cette tradition, de telle sorte que chacun se sente entraîné à l'amour et capable de « vérifier la validité des affirmations qu'elle [la tradition] pose avec autorité afin que je puisse les faire miennes et en devenir le témoin[9] ».

Cette disjonction entre valeurs évangéliques et radicalité de l'Évangile, telle que proposée par Luc Ferry, est pour l'Enseignement Catholique une impasse. La possibilité même de cette disjonction est une illusion entretenue par la persistance d'un reliquat évangélique dans la culture. Mais il faut prendre en compte le caractère effectif de ce que la sociologue Danièle Hervieu-Léger appelle l'exculturation du catholicisme dans la société actuelle[10], et reconnaître que cette proposition tourne nos regards vers le passé et non vers l'avenir. Vers le passé parce que ces valeurs disparaîtront en tant que valeurs communes en étant trop longtemps coupées de leur source. Elles sont comme les fruits de l'Évangile qui perdent leur saveur et se corrompent une fois séparés de l'arbre. Pour le dire autrement, il n'y a pas de valeurs possibles déconnectées de leur source. En ce sens, la référence à l'Évangile comme message vécu est vitale pour l'École Catholique et pour la vie des établissements comme des communautés éducatives, comme est vitale la mise en œuvre de la mission ecclésiale.

---

9. *Ibid.*, p. 234.
10. Voir D. Hervieu-Léger, *Catholicisme, la fin d'un monde, op. cit.*, p. 306.

L'avenir consiste bien plutôt à envisager comment l'Évangile est un principe unifiant dans un monde sécularisé et à le proposer comme tel. C'est ce que l'on appelle communément la nouvelle évangélisation selon les termes employés par le cardinal Ratzinger et confirmés par lui lorsqu'il est devenu pape sous le nom de Benoît XVI :

> Nous observons un processus progressif de déchristianisation et de perte des valeurs humaines essentielles qui est préoccupant. Une grande partie de l'humanité d'aujourd'hui ne trouve plus, dans l'évangélisation permanente de l'Église, l'Évangile, c'est-à-dire une réponse convaincante à la question : Comment vivre ? C'est pourquoi nous cherchons, outre l'évangélisation permanente, jamais interrompue, et à ne jamais interrompre, une nouvelle évangélisation, capable de se faire entendre de ce monde qui ne trouve pas l'accès à l'évangélisation « classique ». Tous ont besoin de l'Évangile ; l'Évangile est destiné à tous, et pas seulement à un cercle déterminé, et nous sommes donc obligés de chercher de nouvelles voies pour porter l'Évangile à tous[11].

Cette nouvelle évangélisation a pour point de départ un rappel incessant de l'initiative du Christ dans le monde et dans l'Église : « Le Seigneur et l'Esprit construisent l'Église, se communiquent dans l'Église. L'annonce du Christ, l'annonce du Royaume de Dieu suppose l'écoute de sa voix dans la voix de l'Église. "Ne pas parler en son propre nom" signifie : parler dans la mission de l'Église[12]. » Cette perspective engage sur une voie balisée

---

11. Cardinal Joseph Ratzinger, « La nouvelle évangélisation », in *La Documentation catholique*, 2240 (2001), p. 91.
12. *Ibid.*, p. 92.

d'une part par le primat de l'initiative du Christ, d'autre part par la mise en œuvre effective de la mission de l'Église[13].

PRIMAT DE L'INITIATIVE DU CHRIST

Revenons, dans un premier temps, à la tension entre valeurs humanistes et radicalité évangélique pour la considérer sous l'angle de l'initiative du Christ. En fait, l'impossible réduction de l'Évangile à un ensemble de valeurs dissociées de la tradition chrétienne réside dans l'irréductibilité de la Croix du Christ comme source de toute vie chrétienne authentique.

Dans le débat entre Ferry et Gagey, cela revient à rappeler que « la Croix rend manifeste l'inévitable déception que cause l'amour lorsqu'il est visé comme un idéal de vie, un but à atteindre, un objectif à remplir[14] », on pourrait dire lorsqu'il devient ou lorsqu'il est confondu avec une valeur. Pourquoi ? Parce que « le corps sans vie du crucifié témoigne que ce but restera à jamais hors de portée[15] ». Il faut alors passer à une autre logique, celle de la Croix (voir 1 Co 1) qui opère le passage de la Passion au tombeau vide du matin de Pâques. Par ce tombeau vide « la croix du Ressuscité annonce que, s'il est possible d'aimer, ce n'est pas comme on poursuit un but, ni comme on accomplit une performance *en vue* d'une

---

13. C'est le paradoxe de la nouvelle évangélisation selon le cardinal Ratzinger : sa nouveauté ne réside pas dans un renouvellement des méthodes mais des perspectives.
14. Voir H.-J. Gagey, *La vérité s'accomplit, op. cit.*, p. 270.
15. *Ibid.*, p. 270.

récompense, mais, si l'on ose dire, *pour rien* [...] pour rien d'autre que l'amour, parce que l'amour ne se donne pas d'abord comme un objectif à atteindre, mais comme la réalité qui nous porte et nous fait vivre[16] ». Pour Gagey, l'enjeu du kérygme qui affirme et annonce la résurrection de Jésus, c'est « la détermination de la vérité de la Vie. Et c'est ici qu'apparaît la différence entre une spiritualité qui désigne l'amour, en général, comme une valeur ultime, et la foi qui reconnaît dans la réalité *de cet amour-là* qui s'accomplit dans la mission de Jésus, la manifestation du plus réel de la Vie[17]. »

La différence entre l'amour comme valeur partagée en dehors de toute référence évangélique et l'amour comme vertu théologale réside d'une part, comme le rappelle Gagey, dans la désignation du Christ comme celui qui est et réalise cet amour en nous aimant « jusqu'au bout » (Jn 13,1), d'autre part dans la reconnaissance du fait que l'action du Christ est engagée dans cet amour. Comme nous le disions dans la deuxième partie[18], ce qui est en jeu ici, c'est la figure du disciple : le chrétien n'est pas celui qui écoute un enseignement en suivant un exemple historiquement lointain, il est incorporé au Christ qui passe par lui pour agir dans le monde aujourd'hui, selon le principe paulinien : « ce n'est plus moi qui vis, c'est le Christ qui vit en moi » (Ga 2,20). Être disciple, c'est s'en remettre au Christ en reconnaissant qu'il est le premier

16. *Ibid.*, p. 272.
17. *Ibid.*, p. 275.
18. Voir *supra*, p. 69 *sq.*

acteur de la mission qu'il nous confie. La radicalité évangélique passe par cette reconnaissance que l'agir chrétien n'est pas une mise en conformité avec un enseignement mais un consentement à l'œuvre du Christ et de son Esprit en nous.

La différence entre l'amour comme valeur et l'amour comme vertu, c'est la capacité à professer que « Dieu est amour » (1 Jn 4,8.16). Prendre au sérieux cette affirmation de l'apôtre Jean, cela implique tout d'abord de reconnaître que « l'amour vient de Dieu » (1 Jn 4,7). En ce sens, tout acte d'amour, du soutien apporté à quelqu'un à l'engagement définitif dans le mariage, n'est possible qu'en Dieu. Notre capacité d'aimer dépend donc de Dieu qui est source de l'amour. Entendons dans cette affirmation une bonne nouvelle : nous pouvons demander l'amour qui nous manque, nous qui savons si peu aimer, et le recevoir de Dieu comme un don gratuit. Par ailleurs, « ce n'est pas nous qui avons aimé Dieu, c'est lui qui nous a aimés » (1 Jn 4,10). Dans ce deuxième aspect, il y a une promesse : Dieu nous aime. Et sur cette promesse, une vie peut être bâtie. Cette promesse, c'est Dieu qui se donne et qui ne cesse de nous révéler son amour dans l'acte de se donner. Parce que Dieu est amour et que, le premier, il nous a aimés, alors notre vie est tout entière marquée par cet amour reçu. C'est un des effets de la promesse : « Voici comment s'est manifesté l'amour de Dieu au milieu de nous : Dieu a envoyé son Fils unique dans le monde, afin que nous vivions par lui » (1 Jn 4,9). On peut lire dans ce verset une double manifestation de l'amour de Dieu au milieu de nous. D'une part, cet amour est manifesté par la mission du Christ qui a donné sa vie. D'autre part, elle est manifestée par notre vie qui est une vie en Christ : « afin que nous vivions par lui ». Cette vie d'amour en Christ est ce que Jean indique lorsqu'il affirme : « quiconque aime est né de Dieu » (1 Jn 4,7). Notre capacité à aimer de l'amour de Dieu et à vivre de la vie de Dieu dit la dignité de l'homme et sa dépendance à Dieu duquel il se reçoit dans l'amour. Dignité de l'homme car l'homme devient le lieu de l'accomplissement de l'amour de Dieu : « Dieu demeure en nous, et son amour, en nous, est accompli » (1 Jn 4,10). Dépendance de l'homme à Dieu, parce que Dieu est amour. Mais une dépendance qui ne nous rend pas esclaves : elle fait de nous des fils et filles, nés de Dieu.

Ainsi, la différence entre l'amour comme valeur et l'amour comme vertu, ou comme grâce, c'est que l'amour de Dieu s'accomplit en nous. Mais attention à ne pas faire de ces affirmations un principe abstrait : si toute notre vie est marquée par l'amour de Dieu, cela doit se manifester par des actes et des pratiques concrètes d'amour, par une charité en actes. C'est ce que l'on peut appeler, dans une école catholique, la mise en œuvre effective de la mission de l'Église.

UNE MISE EN ŒUVRE EFFECTIVE DE LA MISSION DE L'ÉGLISE

C'est ici que doit se nouer l'ensemble de notre proposition, dans la capacité à penser l'unité de la mission de l'Enseignement Catholique en partant de la mise en œuvre de la mission ecclésiale. Ce que nous cherchons, en fait, c'est comment mettre en œuvre les médiations de la grâce dans l'École Catholique de telle sorte qu'elles fondent l'ensemble de l'action éducative et soient instituantes pour la communauté éducative. Cela découle de l'initiative même du Christ qui confie à l'Église sa mission et la grâce de pouvoir en être le sujet.

LA MISSION QUE L'ÉGLISE REÇOIT DU CHRIST

Il faudrait ici un volumineux ouvrage pour présenter ce qu'est la mission que l'Église reçoit du Christ. Pour être très synthétique sans être trop schématique, on peut s'en tenir aux trois axes qui structurent la vie et la mission de l'Église et des chrétiens au concile Vatican II : la mission est conjointement sacerdotale, prophétique et royale. Pour Vatican II, c'est en étant plongés par leur baptême dans la mort et la résurrection du Christ, Prêtre, Prophète et Roi, que les fidèles sont rendus participants à la triple fonction sacerdotale, prophétique et royale du Christ. Ces trois axes de la mission structurent la Constitution dogmatique sur l'Église, *Lumen gentium*, et la participation des baptisés à cette triple charge est clairement

affirmée[19]. C'est ainsi que les fidèles du Christ sont quali-
fiés en *LG* 31 : ils sont « faits participants à leur manière
de la fonction sacerdotale, prophétique et royale du
Christ » et, à ce titre, « exercent pour leur part, dans
l'Église et dans le monde, la mission qui est celle de tout
le peuple chrétien[20] ». Selon lui, cette structure de la vie
chrétienne est composée de l'Écriture, des sacrements et
de l'éthique. Une autre qualification est possible à partir
de la *Lettre aux catholiques de France*, déjà évoquée, qui
énonce les moyens qu'a l'Église pour proposer la foi avec
les trois expressions : célébrer le salut, servir la vie des
hommes et annoncer l'Évangile[21]. Cela renvoie à l'expérience croyante des premiers chrétiens, exprimée notamment dans le récit de la Pentecôte : « Ils étaient assidus à
l'enseignement des apôtres et à la communion fraternelle,
à la fraction du pain et aux prières » (Ac 2,42), comme au
ministère du Christ lui-même qui enseignait, priait et se
portait auprès des hommes et des femmes de son temps
pour leur apporter la guérison, la liberté et le pardon[22].

---

19. Voir *LG* 12, 26, 31 et 33 ; *Apostolicam actuositatem* 2, 10, 29 ; *Presbyterorum ordinis* 2, 10 ;
AG 20 et 40.
20. Pour un commentaire plus affiné de *LG* 31, je me permets de renvoyer à : F. Moog, *La participation des laïcs à la charge pastorale – Une évaluation théologique du canon 517 § 2*, Paris, DDB,
coll. « Théologie à l'Université » 14, 2010, p. 304 *sq.*
21. Conférence des évêques de France, *Lettre aux catholiques de France*, *op. cit.*, p. 90-102. Ces
trois « lignes d'action » sont ici également énoncées à partir de la terminologie grecque, respec-
tivement : *leitourgia, diaconia* et *marturia*. Benoît XVI fait de même dans son encyclique *Deus
caritas est* au n° 25 ; voir aussi le n° 11.
22. Sur la dimension diaconique de la mission du Christ, voir É. Grieu, *Un lien si fort – Quand
l'amour de Dieu se fait diaconie*, Montréal/Bruxelles/Paris, Novalis/Lumen vitae/éd. de l'Atelier,
coll. « Théologies pratiques », 2009, notamment p. 39 *sq.*

On peut proposer une synthèse de ces approches à partir du tableau suivant :

Ministère de Jésus	Prière	Enseignement	Service
Titres de Jésus	Prêtre	Prophète	Roi
Actes des Apôtres	Fraction du pain et prières	Enseignement des apôtres	Communion fraternelle
Lumen gentium	Fonction sacerdotale	Fonction prophétique	Fonction royale
LCF	Célébrer	Annoncer	Servir

Pour notre part, dans les pages qui suivent, nous en parlerons à partir de la dénomination des évêques français, utilisant les trois verbes célébrer, annoncer et servir, afin de bien montrer qu'il s'agit ici de pratiques et d'actes concrets.

Le lien entre ministère de Jésus et mission ecclésiale est ici fondamental. La vie et la mission de l'Église sont structurées comme la mission du Christ parce qu'elles correspondent à l'action du Christ dans son Église, selon le principe que nous avons évoqué plus haut[23]. On peut le redire ici autrement à partir de l'enseignement du concile Vatican II, notamment sur la liturgie : « le Christ est toujours là auprès de son Église » (*SC* 7). Mais cette présence n'est pas qu'une proximité, elle est une action au plus intime de l'Église, de telle sorte que « lorsque

---

23. Voir *supra*, p. 100.

quelqu'un baptise, c'est le Christ lui-même qui baptise. Il est là présent par sa parole, car c'est lui qui parle tandis qu'on lit dans l'Église les Saintes Écritures » (*SC* 7). Ainsi, lorsque l'Église célèbre, c'est le Christ qui « s'associe toujours l'Église, son Épouse bien-aimée, qui l'invoque comme son Seigneur et qui passe par lui pour rendre son culte au Père éternel » (*SC* 7). De la même manière, c'est le Christ qui s'associe l'Église pour annoncer la Bonne Nouvelle du salut et pour servir les hommes et les femmes de ce temps, surtout les plus pauvres, les plus vulnérables et les exclus.

Célébrer, annoncer, servir. À quoi cela correspond-il de la structure de la vie chrétienne comme de la mission ecclésiale, si l'on veut bien admettre que l'une et l'autre sont structurées identiquement[24] ? La fonction sacerdotale (célébrer) renvoie à tout ce qui est du domaine de la prière, de la célébration des sacrements, de la liturgie. La fonction prophétique (annoncer) à la familiarité à l'Écriture, à son étude et à son annonce, de la première annonce à la théologie en passant par la catéchèse, les groupes de lecture de la Bible... La fonction royale (servir) est la plus complexe à appréhender parce qu'elle recouvre tout aussi bien la charité en actes dans la présence auprès des pauvres, des malades, des prisonniers, des exclus et, plus largement, le fait de se porter au service de ses frères, que la fonction de gouvernement ecclésial, notamment en

---

24. Voir L.-M. Chauvet, *Symbole et sacrement – Une relecture sacramentelle de l'existence chrétienne*, Paris, Cerf, coll. « Cogitatio fidei » 144, 1987, p. 177 *sq.*

---

raison de la question du pouvoir qui est associé à la charge royale. Le théologien jésuite Étienne Grieu ouvre pour nous ici des pistes intéressantes[25]. À partir d'une lecture de *LG* 34-36, Grieu note : « Les baptisés sont associés à la liberté royale du Christ, en référence à la figure du roi de l'univers à qui tout est soumis. À sa suite, les chrétiens sont appelés à œuvrer au réordonnancement de toute réalité vers le Seigneur, synonyme de l'établissement de la justice du royaume[26]. » En *LG* 36, cela passe par l'entraide mutuelle et l'exercice des vertus qui, réellement, évangélisent ce monde et ses structures socioculturelles. Mais Grieu remarque avec justesse : « Sur ce point […] le texte conciliaire parvient mal à souligner la continuité entre l'*ad intra* et l'*ad extra* de la vie ecclésiale[27] », notamment parce que la fonction royale des ministres ordonnés est liée à l'exercice de l'autorité dans l'Église et semble donc devoir être clairement distinguée de cette présentation très « sociale » du service des hommes et des femmes de ce temps par les fidèles laïcs[28]. Pour Grieu, il est possible de penser de manière unifiée la charge royale à partir de la notion de communion, ce qu'il appelle le « service des liens[29] ». Schématiquement, cela revient à considérer que la fonction royale est avant tout service de

---

25. É. Grieu, *Un lien si fort…*, *op. cit.*, p. 137 *sq.*
26. *Ibid.*, p. 139.
27. *Ibid.*
28. Techniquement, cela correspond à une distinction historique entre *munus regendi* (charité exercée au nom du Royaume) et *munus gubernandi* (autorité exercée par les pasteurs sur les fidèles).
29. É. Grieu, *Un lien si fort…*, *op. cit.*, p. 142.

la communion fraternelle, en tant que cette communion appartient au cœur du projet de Dieu qui, depuis la création, appelle les hommes et les femmes à la communion avec lui et à l'unité entre eux (voir *LG* 1 et 2). Il s'agit alors, pour les chrétiens, de laisser « l'Esprit évangéliser le champ de leur vie relationnelle[30] ». Les ministres ordonnés trouvent ici un espace d'exercice de leur autorité au service de cette communion. Servir, c'est alors pour l'Église « un travail d'évangélisation des liens[31] » pour lequel l'attention aux pauvres et aux exclus comme à tout frère est bien central.

Pour le théologien Louis-Marie Chauvet, ces trois axes de la mission médiatisent l'action du Christ dans l'Église et sont les éléments d'une structure symbolique et sacramentelle de l'identité chrétienne[32]. En ce sens, ce sont des portes d'entrée dans l'Église, soit au sens d'une conversion initiale, comme la liturgie pour Paul Claudel et l'Écriture pour saint Augustin, soit au sens d'une croissance dans la foi, certains se nourrissant plus par la prière, d'autres par la familiarité avec l'Écriture, d'autres encore dans l'action auprès des plus pauvres. Cette conversion comme cette croissance sont possibles parce que, dans chaque cas, il s'agit bien de consentement à l'action salutaire du Christ.

Mais, pour conclure cette présentation schématique de la mission de l'Église, il faut prendre conscience d'un

---

30. *Ibid.*
31. *Ibid.*, p. 143.
32. Voir L.-M. Chauvet, *Symbole et sacrement…*, *op. cit.*, p. 177 *sq.*

risque, celui de considérer les axes dynamiques de cette mission selon un principe disjonctif et passer à côté du principe de conjonction qui les structure. Cela est tout à fait déterminant pour notre propos en tant que cela désigne le principe actif qui permet à la mission de l'Église d'être une composante unifiante pour l'ensemble de la vie et de la mission des communautés éducatives. Ce principe, c'est l'interaction vertueuse qui est au cœur de toute évangélisation.

L'ÉVANGÉLISATION COMME INTERACTION VERTUEUSE

En effet, si la mission de l'Église est transformante par l'action du Christ qui s'associe l'Église pour célébrer le salut, annoncer l'Évangile et servir les liens de communion entre les hommes et les femmes de ce temps, elle l'est selon une interaction vertueuse. Louis-Marie Chauvet a bien montré l'interaction entre ces trois dimensions de la mission qui structurent l'Église[33] de telle sorte que chacune de ces actions est vérifiée par les deux autres.

Si l'action de célébrer est isolée du reste de la mission, alors on tombe dans le danger d'une piété magique : « on recourt au rite soit pour un bénéfice essentiellement naturel, soit pour obtenir un effet spirituel [...], sans que la disposition intérieure soit mise en consonance avec

---

33. Voir notamment L.-M. Chauvet, *Les sacrements, Parole de Dieu au risque du corps*, Paris, éd. de l'Atelier, coll. « Croire, vivre, célébrer », 1997, p. 46 *sq.* et surtout, *Symbole et sacrement...*, *op. cit.*, p. 182 *sq.*

l'effet attendu[34] ». L'altérité du Dieu qui se révèle en Jésus Christ risque de s'estomper si elle ne repose plus que sur la force de la ritualité liturgique. Comme le dit Chauvet : « Que vaudraient les célébrations liturgiques et sacramentelles si elles n'étaient pas mémoire vive de celui que les Écritures attestent comme le Dieu crucifié ? et si elles n'enjoignaient pas aux participants de devenir concrètement, par la pratique de l'*agapè*, ce qu'ils ont célébré et reçu[35] ? » La vérité de la prière du chrétien comme de celle de l'Église entière réside dans sa capacité à être une prière « pour la gloire de Dieu et le salut du monde », c'est-à-dire ouverte au Dieu qui se révèle en Jésus Christ et à des hommes à aimer et servir. Dans le cas contraire, la prière pourrait n'être qu'un exercice narcissique, clos, confortable et chaleureux mais dont les fruits seraient suspects. Ainsi, l'action de célébrer a besoin d'être vérifiée et nourrie par l'axe de l'annonce et l'axe du service.

De même, l'action d'annoncer ne peut être isolée du reste de la mission sous peine de transformer la référence à l'Écriture en fondamentalisme ou en « savoir religieux[36] ». L'accumulation du savoir ne garantit ni la foi ni la reconnaissance de celui qui se révèle dans le texte biblique. L'altérité du Dieu en Jésus Christ risque de s'estomper et de rester lettre morte si elle ne repose que sur un texte. Comme le dit Chauvet : « Les Écritures ne

---

34. L.-M. Chauvet, *Symbole et sacrement…*, *op. cit.*, p. 179. Chauvet s'appuie ici sur A. Vergotte, *Religion, foi incroyance*, Bruxelles, Mardaga, 1983, p. 302-303.
35. L.-M. Chauvet, *Symbole et sacrement…*, *op. cit.*, p. 182.
36. *Ibid.*, p. 179.

seraient-elles pas un texte mort, si n'était pas attesté leur statut de Parole de Dieu pour aujourd'hui, notamment dans la proclamation liturgique qu'en fait l'Église ? et si, d'autre part, elles n'engageaient pas les sujets qui les reçoivent dans une certaine pratique éthique[37] ? » Ainsi, l'action d'annoncer a besoin d'être vérifiée et nourrie par l'axe de la célébration et l'axe du service.

L'action de servir, tout autant, ne peut être isolée du reste de la mission sous peine de verser dans l'activisme ou le moralisme, voire dans une forme de « pharisaïsme[38] ». La gratuité de la charité en actes n'est possible que comme don de Dieu qui permet jusqu'à l'amour de l'ennemi (voir Mt 5,43-44). L'amour ne serait plus que « valeur » s'il ne reposait que sur un volontarisme, même généreux. Comme le dit Chauvet, ce service ne peut être vécu que comme « réponse à l'amour premier de Dieu jusqu'au don de son Fils unique (Jn 3,16) que nous révèlent les Écritures » et doit sans cesse se « ressourcer [...] théologalement dans la réception de ce don premier dans les sacrements[39] ». Ainsi, l'action de servir a besoin d'être vérifiée et nourrie par l'axe de l'annonce et l'axe de la célébration.

On découvre alors la nécessité de cette interaction entre les trois éléments, une interaction qui a comme vertu première de garantir l'action de Dieu et la primauté de

---

37. *Ibid.*, p. 182.
38. *Ibid.*, p. 179.
39. *Ibid.*, p. 182.

son initiative. Cette interaction peut être schématisée ainsi :

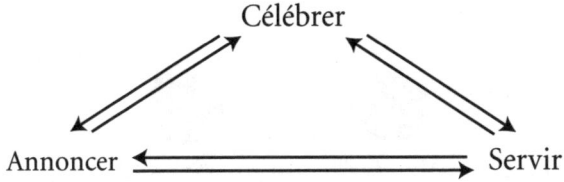

Dans ce schéma[40], le plus important est constitué par les interactions, donc par les flèches qui relient les uns aux autres les éléments de la structure globale. C'est l'importance de ces interactions qui doit faire renoncer à voir dans ce schéma un triangle équilatéral. En tant que structure dynamique de l'existence chrétienne, il s'agit d'une figure en mouvement : « Il est normal que la dynamique de la vie de foi entraîne, selon les époques et les cultures et selon l'histoire personnelle de chacun, des déplacements de centre de gravité par accentuation de tel ou tel élément. L'immobilisme n'est pas un bon signe dans la vie chrétienne comme dans la vie humaine[41]. » Cette dynamique est liée à la propriété de chacun des éléments de la structure qui est toujours et structurellement ouvert et en appel ou en attente des deux autres, comme le montre une autre manière de représenter cette structure que l'on doit à M. Pierre Robitaille :

---

40. On pourra le comparer à son modèle, ici très simplifié, in *ibid.*, p. 177.
41. *Ibid.*, p. 182.

Célébrer

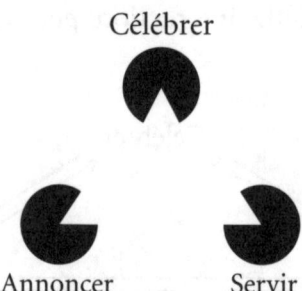

Annoncer   Servir

L'intérêt de ce schéma, c'est la capacité de pouvoir se situer et de situer l'ensemble d'une proposition pastorale. En ce sens, il s'agit bien d'un outil de discernement pastoral dont le fonctionnement est simple. Il s'agit de considérer qu'il balise un champ dans lequel chacun individuellement ou communautairement, comme chaque projet, pourra être situé de manière dynamique. Dynamique, parce que la situation de chacun comme de chaque projet est évolutive en fonction des époques, des histoires personnelles et des déplacements opérés. Dynamique également parce que le principe est que, une fois situé, le schéma désigne les points de vérification de la vie chrétienne du sujet ou de la communauté comme du caractère évangélique d'un projet.

Pour vérifier cette simplicité d'usage, prenons un exemple. Par tradition familiale, ou pour toute autre raison liée à son histoire personnelle, monsieur Martin a grandi dans la foi chrétienne grâce à une vie de prière intense. Pour lui, être chrétien, c'est surtout prier régulièrement et aller à la messe chaque dimanche. Au cours de

sa vie chrétienne, il a progressivement découvert l'importance de l'Écriture, de telle sorte que, en ce moment, sa
vie de croyant le situe sur notre schéma plutôt sur l'axe
célébrer – annoncer. En ce sens, monsieur Martin peut
découvrir que la vérité de sa vie chrétienne doit se vérifier
dans sa capacité à vivre tout cela dans une charité et une
communion fraternelles en actes.

Madame Durand a quant à elle grandi dans une famille
de militants très engagés dans une association caritative.
Elle croit fermement, à raison, qu'une vie chrétienne
authentique s'épanouit au contact des plus pauvres dans
le service désintéressé de son prochain. Mais elle a découvert aussi que les pauvres qu'elle côtoie lui montrent avec
acuité qui est le Dieu qui se révèle dans l'Évangile. Elle
peut se situer sur l'axe servir – annoncer et découvrir
ainsi que sa vie chrétienne peut se vérifier dans la prière.

Ces deux exemples sont évidemment très schématiques
mais il faut en retenir deux points. Le premier est que
tous les lieux définis par le schéma sont habitables, en ce
sens qu'il y a de la place pour tous les profils possibles. Le
second est que l'important réside toujours dans la tension
entre les éléments qui structurent le schéma.

Pour compléter et conclure la présentation de cet outil,
on doit tout d'abord reconnaître qu'il y a une place qui
n'est pas possible, en ce sens qu'elle n'est pas porteuse de
vie et de dynamisme, c'est celle de la plénitude d'une
perfection de vie chrétienne, hypothétique place centrale
dans le schéma, exonérée de toute tension parce qu'elle
envisagerait sereinement une perfection dans l'ensemble

des domaines qui composent et structurent une vie chrétienne authentique. Il n'existe pas de vie chrétienne parfaite en dehors de celle du Christ lui-même. On doit ainsi découvrir, au final, que toute vie chrétienne est imparfaite, dépendante de la vie du Christ, mais située dans la communion de l'Église qui, elle, assume parfaitement, par son union au Christ, la mission de célébrer, d'annoncer et de servir.

Ces éléments étant en place, il nous reste à envisager comment ils peuvent nous permettre de comprendre de manière unifiée la vie et la mission des écoles catholiques et de leur communauté éducative.

LES MOYENS PROPRES DE L'ÉCOLE CATHOLIQUE

Cela est possible en considérant que l'École Catholique est clairement située dans le schéma précédent. Il y a dans ce domaine une réelle unanimité qui permet de parvenir rapidement à désigner quels sont les moyens propres dont dispose l'École Catholique pour assurer, dans la référence à l'Évangile, sa mission éducative.

L'ACTE ÉDUCATIF COMME PRATIQUE DE LA CHARITÉ

À l'exception notable du *Code de droit canonique* de 1983, qui situe l'École Catholique dans son troisième livre consacré à la fonction d'enseignement de l'Église, et donc dans le cadre de la mission d'annonce[42], il y a

---

42. Voir canons 796 à 806. Il faut cependant remarquer que le *Code* ne comporte aucune partie consacrée spécifiquement à la fonction royale envisagée comme *munus regendi*.

consensus pour situer l'École Catholique dans le cadre du service de la société et de la culture. Comme le dit avec vigueur Mgr Rey : « L'École Catholique est d'abord une école[43]. »

Cette école est présentée comme service des préoccupations terrestres de l'homme au concile Vatican II : l'Église « doit prendre soin de la totalité de la vie de l'homme y compris de ses préoccupations terrestres, dans la mesure où elles sont liées à sa vocation surnaturelle. Elle a donc un rôle à jouer dans le progrès et le développement de l'éducation[44]. » Cette mission éducative de l'Église est au service de la dignité de la personne humaine et de son droit à l'éducation (*GE* 1). Cela transparaît dans la définition que Vatican II donne du but de l'éducation : « Le but que poursuit la véritable éducation est de former la personne humaine dans la perspective de sa fin la plus haute et du bien des groupes dont l'homme est membre et au service desquels s'exercera son activité d'adulte » (*GE* 1).

On retrouve une telle perspective dans le *Statut de l'Enseignement Catholique* qui présente l'École Catholique « au service de la société[45] », précisant : « L'établissement catholique d'enseignement répond à des besoins d'enseignement et d'éducation[46]. »

---

43. Mgr Dominique Rey, *Urgence éducative…*, *op. cit.*, p. 11.
44. Préambule de *Gravissimum educationis*.
45. *Statut de l'Enseignement Catholique* – Préambule n° 2.
46. *Statut de l'Enseignement Catholique* – Article 1.

Le pape Benoît XVI le confirme clairement : « Certains aujourd'hui remettent en question l'engagement de l'Église dans l'éducation, en se demandant si ses ressources ne pourraient pas être mieux employées ailleurs. [...] La mission première d'évangélisation de l'Église, dans laquelle les institutions éducatives jouent un rôle crucial, est à l'unisson de l'aspiration fondamentale de la nation à développer une société vraiment digne de la dignité de la personne humaine[47]. » C'est l'un des enjeux majeurs de la nouvelle évangélisation.

La mission éducative de l'Église comme service des hommes et des femmes de ce temps est également la perspective commune des évêques que nous avons cités en introduction de cet ouvrage. Mgr Cattenoz, prenant appui sur la déclaration de la Congrégation pour l'éducation catholique, *L'École Catholique au seuil du troisième millénaire*, rappelle que l'École Catholique doit être une école pour tous, surtout des plus pauvres, une école « au service de la société[48] ». Mgr Dagens situe ce service dans la logique d'association de la loi Debré qui vise à « associer effectivement et méthodiquement l'Enseignement Catholique à la mission de l'Éducation nationale[49] », au nom de la participation au service public d'éducation. Mgr Rey lie, dans la mission de l'École Catholique, service éducatif et évangélisation, qualifiant la mission de l'École

---

47. Benoît XVI, « Discours à l'Université catholique d'Amérique (Washington D.C., 17 avril 2008) », in *L'Osservatore Romano*, E.H.L.F. 3030 (2008), p. 2.
48. Mgr Jean-Pierre Cattenoz, *Une charte pour l'Enseignement Catholique du diocèse d'Avignon...*, *op. cit.*, p. 70.
49. Mgr Claude Dagens, « Héritiers, citoyens et témoins de Dieu... », art. cité, p. 64.

Catholique par les trois verbes « enseigner, éduquer, évangéliser[50] », et rappelant que « l'évangélisation doit être "holistique", c'est-à-dire viser à la transformation de notre société pour plus de justice et de fraternité[51] ».

On peut donc considérer que la mission éducative de l'Église engagée dans l'École Catholique constitue un service de l'homme, une pratique de la charité en actes. En ce sens, la mission éducative appartient de plein droit à la mission ecclésiale et n'en est pas une option. C'est bien ce que dit Benoît XVI dans son encyclique *Caritas in veritate* : « La nature profonde de l'Église s'exprime dans une triple tâche : annonce de la Parole de Dieu (*kerygma-martyria*), célébration des Sacrements (*leitourgia*), service de la charité (*diakonia*). Ce sont trois tâches qui s'appellent l'une l'autre et qui ne peuvent être séparées l'une de l'autre. La charité n'est pas pour l'Église une sorte d'activité d'assistance sociale qu'on pourrait aussi laisser à d'autres, mais elle appartient à sa nature, elle est une expression de son essence elle-même, à laquelle elle ne peut renoncer[52]. »

Une fois cela posé, faire fonctionner l'outil que nous avons proposé en vue d'une considération conjonctive de la mission et de la vie des écoles catholiques consiste tout d'abord à rappeler la nécessaire tension que ce service entretient avec l'axe de l'annonce et l'axe de la célébration. Favoriser la tension entre la mission éducative

---

50. Mgr Dominique Rey, *Urgence éducative…*, *op. cit.*, p. 13.
51. *Ibid.*, p. 205.
52. *Caritas in veritate* n° 25.

comme service et les axes de l'annonce et de la célébration ne signifie pas multiplier les activités de liturgie et de catéchèse. Nous avons déjà vérifié que la multiplication des activités parascolaires ne garantissait pas l'unité de la mission. Vers quelles pratiques s'orienter alors ?

DES PRATIQUES CONCRÈTES

La mise en tension de la mission éducative comme service implique des pratiques concrètes qui permettront de garantir la dynamique évangélique des valeurs communes animant la communauté éducative. La mise en œuvre de ces pratiques part du principe que la mission de service est vérifiée par la mission d'annonce et la mission de célébration. Il s'agit donc bien de pratiques liées à l'axe de l'annonce et à l'axe de la célébration.

Mais quelles sont ces pratiques ? On n'en trouvera ni une liste ni une description dans cet ouvrage car la mise en œuvre de ces pratiques requiert d'entrer dans une perspective « sur mesure » qui prenne en compte la situation, le contexte et l'histoire de chaque établissement. Ce qui peut être affirmé avec certitude, c'est que ces pratiques doivent vérifier l'affirmation suivante : chaque action de mise en œuvre de la mission éducative peut et doit être discernée, décidée, accompagnée et évaluée à la lumière de l'Évangile et dans la prière. Cette quadruple exigence de discernement, de décision, d'accompagnement et d'évaluation demande une mise en œuvre des missions d'annonce et de célébration. Pour le dire autrement, il s'agit que chaque projet et chaque action dans la vie de l'établissement scolaire soit systématiquement vérifié à la lumière de l'Évangile et porté dans la prière. Le résultat ne peut alors pas être connu d'avance car nul ne peut prévoir le résultat de l'action de l'Esprit. Mais l'expérience spirituelle des uns et des autres vérifie déjà que d'une telle démarche surgira du neuf dans la vie des établissements. Que se passerait-il si le cas particulier d'un élève en échec scolaire était confronté à l'affirmation de Jésus dans l'Évangile : « les derniers seront les premiers » (Mt 20,16) ? Quelles seraient les conséquences d'une célébration du sacrement de la réconciliation avant un conseil de discipline ? Quels fruits pourrait-on attendre d'un conseil d'établissement qui commencerait par un temps substantiel de prière commune ? Qu'arriverait-il si les professeurs principaux étaient invités à lire ensemble une lettre de Paul ? Risquer ces quelques exemples, c'est vérifier l'impossibilité d'énoncer des pratiques valables en tous lieux et en toutes circonstances. Mais cela peut être stimulant.

Cette proposition est une prise de position sur la nature de la catholicité des établissements. Dans une structure où l'on n'exige d'aucun des membres qu'il soit catholique – en dehors du chef d'établissement qui reçoit une mission canonique de l'évêque, ce qui requiert que sa vie soit structurée par les trois sacrements de l'initiation chrétienne –, c'est la structure elle-même qui doit être catholique. C'est-à-dire que l'ensemble des processus qui animent la vie de l'établissement doit être en permanence discerné, accompagné et vérifié à la lumière de l'Évangile et de la prière commune.

Cette proposition appelle résolument à la responsabilité des chrétiens au sein de la communauté éducative et les invite à une participation active, en tant que chrétiens, à ce travail de discernement, d'accompagnement et d'évaluation au nom de l'œuvre de l'Esprit au sein de l'établissement. Cette responsabilité doit être soulignée contre la tentation de faire comme si tout allait de soi. Il y a une nécessité de prendre clairement en compte les conséquences de la sécularisation et des conditions postmodernes de la mise en œuvre de la mission éducative de l'Église. Cela requiert un engagement réel du plus grand nombre. La question du nombre de chrétiens prêts à s'engager dans ces pratiques concrètes qui permettront à la mission éducative d'être authentiquement une mission ecclésiale ne peut être réglée ici rapidement. Une fois encore, elle dépend du contexte et de l'histoire de chaque établissement. Selon la promesse du Christ, il suffit que deux ou trois soient réunis en son nom pour qu'il soit présent et agissant au milieu d'eux (Mt 18,20). Cela peut ne pas suffire pour créer une réelle dynamique au sein d'un établissement. Au nom de la responsabilité qui l'habilite à la charge éducative, pédagogique, administrative et matérielle de l'établissement, le chef d'établissement a la responsabilité d'évaluer les moyens qui sont les siens pour faire vivre la mission éducative de l'Église dans son unité. Le soutien de la tutelle lui sera pour cela précieux.

Cette proposition, qu'il faudrait bien sûr affiner pour chaque établissement, mais c'est le rôle du projet éducatif, est à même de « Manifester la vitalité de [la] foi » (*LCF*, p. 28) dans l'École Catholique. Comme nous le disions en introduction, ce n'est pas seulement énoncer la foi qui fait vivre le chrétien dans une structure ecclésiale et sociale, c'est aussi témoigner que « les ressources que les croyants puisent dans leur foi sont susceptibles d'être mises à contribution pour éclairer les problèmes fondamentaux que rencontrent ceux qui ont aujourd'hui la responsabilité d'enseigner[53] ».

Cette proposition, en tant qu'elle a pour objectif de laisser pleinement place, dans chaque établissement, à l'initiative du Christ qui agit par son Esprit, ne requiert pas une égale participation de tous. Mais parce que l'Esprit est agissant en tous, il faut clairement considérer que personne n'en est exonéré. À ceux qui ne partagent pas la foi chrétienne, et à qui l'on ne peut légitimement pas demander ni de participer à une prière chrétienne communautaire, ni de confesser la vérité de la Parole de Dieu consignée dans les Écritures, il est possible d'accepter que ces procédures soient structurantes pour la vie des établissements. L'École Catholique a ainsi besoin de tous les membres de la communauté éducative pour être une école selon la mission éducative de l'Église. Elle ne peut ni ne souhaite exiger de tous qu'ils prennent

---

53. H.-J. Gagey, « La foi comme source », *in* Mgr Claude Dagens (dir.), *Pour l'éducation et pour l'école…, op. cit.*, p. 79.

part aux pratiques concrètes qui permettent à cette mission d'être vérifiée et nourrie par l'axe de l'annonce et par l'axe de la célébration. Elle peut cependant demander à chacun d'accepter de se laisser surprendre par les décisions qui pourront être prises à partir de cette mise en œuvre des moyens propres de la mission ecclésiale lorsqu'elle assume un service public d'éducation. L'École Catholique doit de plus inviter l'ensemble de la communauté éducative à apporter une contribution commune à cette mission en acceptant la tension féconde qui pourra exister entre la dynamique évangélique portée par quelques-uns et les valeurs communes issues du consensus entre tous. C'est ainsi que l'École Catholique pourra être une réalisation majeure du « parvis des gentils » que Benoît XVI appelle de ses vœux[54].

---

54. Benoît XVI, « Audience à la Curie Romaine à l'occasion de l'échange des vœux (Rome, 21 décembre 2009) », in *Acta Apostolica Sedis* 102 (2010), p. 40.

Conclusion

Le projet de cet ouvrage est de redire à nouveaux frais la pertinence de la mission de l'École Catholique pour l'Église comme pour la société. Pour cela, il est apparu nécessaire de réinvestir la question du « caractère propre » de l'Enseignement Catholique et de se demander quelle est la nature de l'évangélisation dont l'École Catholique est spécifiquement responsable en tant que structure ecclésiale chargée de la mise en œuvre d'une part de la mission éducative de l'Église. La question finale est surtout celle des pratiques concrètes d'évangélisation auxquelles chaque établissement peut se sentir invité.

Pour explorer ces questions, nous avons procédé en trois étapes complémentaires. Nous avons commencé par interroger la notion de caractère propre. Cela nous a amené à proposer un diagnostic des difficultés de l'Enseignement Catholique français à partir d'un conflit d'interprétation de la nature de sa mission. Nous avons présenté ce conflit à partir des deux termes de conjonction et de disjonction pour dire le rapport qu'entretient la mission ecclésiale avec la mission de service public d'éducation, selon que l'on considère ces deux missions comme devant être unifiées (conjonction) ou pouvant être juxtaposées (disjonction). Ce conflit touchant au cœur de la compréhension de la mission de l'École Catholique, nous l'avons vérifié sur les deux cas que sont la conception de la mission du chef d'établissement et la conception de la communauté éducative.

La communauté éducative étant apparue comme le premier obstacle à une conception unifiée de la vie et de la mission de l'École Catholique, nous lui avons consacré notre deuxième partie. Il s'agissait alors de vérifier sa capacité à être et à agir comme un sujet ecclésial de plein droit, quels que soient les convictions et engagement religieux et ecclésiaux de ses membres. Cette deuxième partie, plus théologique, a fait apparaître le projet éducatif comme principe d'unification et de conjonction de la mission comme de la vie des établissements. En tant que clef de voûte ou pivot de la vie des établissements, il est garant de leur catholicité lorsqu'il prend en charge la tension entre les valeurs qui rassemblent la communauté éducative et la référence à l'Évangile.

La troisième partie consistait en une invitation à dépasser l'énoncé de grands principes pour envisager des pratiques concrètes permettant de parvenir à une unification (conjonction) dans la vie et la mission des établissements scolaires. En centrant ces pratiques sur l'exigence

évangélique plus que sur d'hypothétiques valeurs humanistes coupées de leur fondement, nous sommes parvenu
à qualifier la mission de l'École Catholique comme
diaconie ou service au sein de l'ensemble de la mission
ecclésiale. Cette qualification donne les moyens de penser
que la mission ecclésiale puisse assumer une mission de
service public d'éducation et ainsi situer l'École Catholique dans un principe de conjonction assumé. Forme de
la charité en actes, la mission éducative assurée par l'École
Catholique bénéficie des autres axes de la mission ecclésiale que sont l'annonce et la célébration. On aboutit alors
au principe selon lequel l'école sera catholique si sont
mises en œuvre les pratiques concrètes qui garantissent
que chaque projet et action éducative puisse être discerné,
décidé, accompagné et évalué à la lumière de l'Évangile et
de la prière commune.

Au terme de ce parcours, deux points ont été clairement
élucidés. Le premier concerne la notion de caractère
propre. Disqualifiée dans la première partie parce que
favorisant une conception disjointe de la mission ecclésiale et de la mission de service public d'éducation, cette
notion s'est déplacée vers les moyens propres dont dispose
l'École Catholique pour une mise en œuvre unifiée de sa
mission[1]. Passer du caractère propre aux moyens
propres, c'est entrer dans une conception dynamique de
l'École Catholique et s'intéresser aux pratiques concrètes

---

1. Sur ces « moyens propres », voir *GE* 4.

qui peuvent être mises en œuvre au sein des établissements plus qu'aux idées et conceptions que les uns et les
autres pourraient avoir de l'Enseignement Catholique.
C'est alors s'éloigner des discussions de principe pour
entrer dans des pratiques. Ce déplacement du caractère
propre aux moyens propres renvoie au final aux « structures propres[2] » de l'Enseignement Catholique, faisant
résider la catholicité de l'école dans ses structures, notamment dans ses processus instituants garantis par le projet
éducatif.

Le second point d'élucidation concerne la nature de
l'évangélisation que l'on est en droit d'attendre de l'École
Catholique. Il s'agit ici clairement d'une évangélisation
des structures sociales par la mise en œuvre des ressources
de la foi chrétienne au cœur des processus sociaux et
culturels. Cette évangélisation nécessite de considérer en
effet la mission éducative comme appartenant au cœur
de la mission ecclésiale de telle sorte qu'elle puisse être
considérée comme une participation de l'Église à la
mission du Christ et qu'elle soit processus d'évangélisation par consentement à l'œuvre du Christ et de son
Esprit dans le monde et dans son Église. Cette évangélisation est au cœur de la doctrine sociale de l'Église énoncée
par Benoît XVI dans son encyclique *Caritas in veritate* dès
lors qu'il s'agit pour l'Église d'être « au service du monde
selon les critères de l'amour et de la vérité » et de
« promouvoir le développement intégral de l'homme

---

2. *Statut de l'Enseignement Catholique* – Préambule n° 1.

quand elle annonce, célèbre et œuvre dans la charité[3] ». C'est ainsi que l'École Catholique peut être tout à la fois un lieu pleinement confessant et authentiquement ouvert à tous.

Des questions demeurent cependant. Elles concernent tout d'abord les acteurs de la mission éducative dans l'École Catholique. S'il est envisageable de penser une participation différenciée de tous à cette mission, des zones d'ombre demeurent et touchent aux personnes comme aux processus. Pour les personnes : qu'en est-il de la considération de la communauté éducative comme sujet ecclésial et de son rapport à la tutelle comme à l'évêque diocésain ? Comment peut être pensée de manière viable la place des ministres ordonnés dans l'Enseignement Catholique diocésain ? Pour les processus : comment les fidèles laïcs appelés par l'Église à cette œuvre vérifient-ils les critères habituels d'appel, d'envoi, de soutien et d'accompagnement qui sont la règle pour les acteurs de la mission dans d'autres services ecclésiaux ? Quelle place peut alors être reconnue à la communauté paroissiale ?

Une autre série de questions concerne la mise en œuvre effective des principes énoncés dans ces pages. Quel accompagnement est possible pour que les établissements puissent s'y engager ? Comment mettre en œuvre de sérieuses analyses des pratiques ecclésiales engagées dans

---

3. *Caritas in veritate* n° 11.

l'Enseignement Catholique[4] de telle sorte que les fruits de cette proposition soient rapides et facilement discernables ?

Une dernière question, un peu insolente mais réaliste, concerne la nature et la pérennité de l'association entre l'État français et l'Église catholique dans la reconnaissance de la capacité par l'Église d'assumer un service public d'éducation. Une chose est pour l'Église de revendiquer le droit de fonder des écoles[5], une autre pour l'État de demeurer fidèle à cette reconnaissance dans le cadre d'une association qui risque de pâtir d'une sécularisation effective des structures sociales et de la culture.

Ces questions sont incontournables si l'on veut penser le principe de conjonction énoncé dans ces pages. Elles pourront peut-être donner lieu à d'autres études…

S'il fallait terminer par un souhait, ce serait que se stabilise l'usage du registre pastoral dans l'Enseignement Catholique et ses établissements. Trop souvent on entend parler de « LA pastorale » comme de l'ensemble des activités connexes à la mission éducative de l'établissement et supposées réservées à une mission ecclésiale disjointe. Il convient bien mieux de parler de la dimension pastorale de la mission de l'établissement, en cela que le qualificatif « pastoral » ne concerne pas seulement des activités

---

4. Au sens où on l'entend par exemple dans l'ouvrage de C. Lapoute-Ramacciotti et F. Picart, *Analyser les pratiques professionnelles dans l'Église – Proposition pour sortir du flou*, Paris/Montréal, éd. de l'Atelier/Novalis, 2010.
5. Canon 800 du *Code* de 1983.

complémentaires à la vie scolaire mais en dit le sens premier et central. En ce sens, on doit dire que la mission éducative appartient à la mission pastorale de l'Église dont elle est une mise en œuvre.

Cette dimension pastorale de la vie et de la mission des établissements fait d'eux un « parvis des gentils » permanent et, assurément, un lieu de première annonce, à condition de considérer que cette notion ne recouvre pas uniquement des paroles, mais peut désigner des actions, des événements et des structures dont l'existence est en soit une annonce de la Bonne Nouvelle du salut. C'est bien ce qui est engagé dans la perspective très programmatique de cet ouvrage : permettre à l'École Catholique d'être un lieu privilégié pour une nouvelle évangélisation.

TABLE DES MATIÈRES

Mis en pages par Text'oh ! (Dole)

Achevé d'imprimer en France par Normandie Roto s.a.s. en avril 2012
Dépôt légal : avril 2012
N° d'impression : 121494